L'organisation de la justice dans l'antiquité et les temps modernes

Fustel de Coulanges

L'Organisation de la Justice
dans l'antiquité et les temps modernes

Editions le Mono

Partie 1

La justice démocratique à Athènes et la justice aristocratique à Rome

Un des principaux problèmes que notre génération ait à résoudre est celui de l'organisation de la justice. L'esprit français aime mieux en général s'élever dans les hauteurs de la politique et même se perdre dans les rêveries humanitaires que de porter son attention sur le terrain de la pratique. Il n'est guère douteux que nous ne voyions surgir prochainement une riche moisson de constitution politiques et sociales, et peu d'hommes penseront peut-être à réfléchir sur la constitution de la justice. Il est bien tentant, à ce qu'il paraît, de créer des systèmes de gouvernement, d'organiser des états, et il semble bien petit de s'occuper de la manière dont les procès et les crimes seront jugés. Cependant il s'agit ici, si l'on y regarde de près, de quelque chose qui est plus précieux encore que nos droits politiques : il s'agit des droits individuels de chacun de nous, c'est-à-dire de ce qui assure notre liberté civile, notre propriété, notre conscience, tout ce dont nous vivons, tout ce qui fait notre existence matérielle et morale.

Il y a des peuples qui sont convaincus que la constitution judiciaire d'une société a beaucoup plus d'importance que sa constitution politique. Ils s'occupent peu de celle-ci, et l'acceptent telle quelle comme chose, à peu près indifférente ; mais ils se soucient fort de celle-là, parce qu'elle est la garantie de tous leurs intérêts et de tous leurs droits. Au rebours, le peuple français n'a jamais donné à son organisation judiciaire qu'une attention distraite. Les hommes de 1789 sont passés à côté du problème sans l'étudier ; ils se sont hâtés de détruire l'ancienne organisation de la justice royale, et n'ont pas pris le temps de chercher ce qu'il fallait mettre à la place. Le consulat est venu, et il a établi un système judiciaire qui était beaucoup plus monarchique que celui de l'ancien régime. Ce qui est singulier, c'est que la génération des hommes de cette époque ait assisté à cette transformation de la justice par le premier consul avec une indifférence parfaite ; elle paraît ou ne l'avoir pas comprise ou ne s'en être pas souciée. Ensuite sont venus d'autres régimes politiques, trois sortes de monarchie et une république, et aucun de ces gouvernements n'a songé à toucher à l'organisation judiciaire qui avait convenu au consulat.

Cette indifférence à l'égard de choses si graves est l'une des fautes les plus déplorables des générations d'hommes qui se sont succédé dans la vie politique depuis quatre-vingts ans. Il ne serait pas difficile de montrer que notre instabilité, nos révolutions, nos souffrances, sont en grande partie venues de là. L'imperfection de la justice pendant la première république a produit d'abord la terreur, puis la faiblesse du directoire, enfin la chute du régime républicain. Cette même imperfection de la justice a été l'une des causes de l'impopularité du gouvernement de la restauration, et a certainement contribué dans une assez forte mesure à faire tomber le second empire. La France doit se préoccuper d'un problème dont la solution importe si fort à la stabilité de toute espèce de gouvernement.

Nous ne saurions avoir la prétention de résoudre un si grand problème ; mais il nous a semblé que l'étude de l'histoire devait servir à quelque chose. L'histoire ne dira sans doute pas ce qu'il y faut faire, mais elle aidera peut-être à le trouver. Si elle ne nous indique pas clairement ce qui serait bien, elle nous signalera du moins ce qui pourrait être funeste, et nous mettra en garde contre les écueils. Nous pouvons apprendre par l'expérience des générations passées quels sont les divers systèmes judiciaires qui ont été essayés, comment et dans quelles conditions ils ont fonctionné, enfin ce qu'il y avait de bon et de mauvais dans chacun de ces systèmes.

I. — LA JUSTICE DÉMOCRATIQUE. — ATHÈNES.

De toutes les cités grecques, Athènes a été la moins troublée, la mieux gouvernée, la plus intelligente et en même temps la plus prospère. Quels qu'aient été ses défauts et ses fautes, on doit reconnaître que, parmi les républiques anciennes, c'est elle qui a le moins mal pratiqué la démocratie. En faisant d'elle cet éloge, nous pensons surtout à cette partie de son existence qui s'écoula depuis le temps de Périclès jusqu'à celui de Démosthène. Le peuple athénien se gouvernait lui-même ; réuni tout entier dans ses assemblées, il ne se bornait pas à nommer ses chefs et ses délégués, il faisait directement ses lois, décrétait ses impôts, déclarait lui-même la guerre, concluait les traités de paix et de commerce. Il n'y avait aucune affaire publique qui ne fût discutée et décidée publiquement ; le peuple et le gouvernement ne faisaient qu'un. Entre les citoyens, l'égalité était parfaite. On distinguait des pauvres et des riches ; mais il n'y avait pas d'aristocratie, puisqu'il n'y avait ni caste ni privilèges légaux. Tous avaient les mêmes droits comme les mêmes devoirs politiques. Tous avaient le même rang dans la vie publique ; ils siégeaient tous dans l'assemblée, pouvaient tous faire partie du sénat, pouvaient s'élever tous aux plus hautes fonctions. Quelle était l'organisation judiciaire qui correspondait à cette organisation politique ?

Pour se faire une idée juste de ce qu'était la justice chez les Athéniens, il faut commencer par oublier ce qu'elle est chez nous. Les sociétés anciennes n'avaient rien qui ressemblât à la magistrature telle qu'elle existe chez-nous, c'est-à-dire à une classe d'hommes voués à la pratique des lois et chargés par profession de vider les procès et de punir les crimes. La justice n'était pas rendue par des hommes spéciaux, elle l'était par tout le monde. Tout citoyen était un juge. On était juge à peu près comme chez nous on est juré. Une liste de 6,000 noms était dressée chaque année par la voie du sort, et les 6,000 citoyens désignés formaient le corps judiciaire pendant toute une année.

Dans la langue d'Athènes, cet immense tribunal s'appelait l'*héliée*. Or ce mot, dont la signification est digne de remarque, n'avait pas un autre sens que celui d'assemblée populaire. *Héliée* et *Ecclésie* étaient deux termes synonymes que les autres villes grecques employaient indifféremment ; l'usage d'Athènes était d'appliquer le second au peuple assemblé pour s'occuper d'affaires politiques, et le premier au même peuple assemblé pour rendre la justice. Entre les deux réunions, les différences n'étaient pas fort grandes. Il est vrai que, dans l'assemblée politique, tous les citoyens, c'est-à-dire environ 15,000 personnes, pouvaient siéger ; seulement il était rare que le nombre des assistants atteignît le tiers de ce chiffre. L'assemblée judiciaire ne pouvait jamais dépasser 6,000 membres ; mais elle atteignait nécessairement ce nombre, car c'était un devoir rigoureux d'y siéger dès qu'on avait été désigné par le sort. Il se trouvait ainsi dans la pratique que l'assemblée judiciaire était ordinairement plus nombreuse que l'assemblée politique.

Pour être inscrit sur la liste, il fallait avoir trente ans accomplis. La sagesse grecque jugeait qu'un homme de vingt ans pouvait bien être capable de voter sur les lois, sur les impôts, sur la guerre, mais qu'il fallait en avoir au moins trente et posséder quelque expérience de la vie pour prononcer un arrêt sur les biens ou sur la vie d'un autre homme. En principe, les six mille juges formaient un tribunal unique. Dans la pratique, il avait bien fallu partager ce tribunal en sections. Chaque section était de deux cents membres au moins, le plus souvent de cinq cents, quelquefois de mille. Il arrivait parfois que, vu l'importance des débats, toutes les sections se réunissaient, et l'héliée siégeait tout entière en un seul corps.

Il n'y a presque aucune analogie entre ce grand tribunal athénien et notre jury français. Les héliastes n'étaient pas de simples jurés ayant pour unique mission d'exprimer leur avis sur un fait ; ils étaient de véritables juges, et ils l'étaient aussi bien au civil qu'au criminel. Chacune des sections était présidée par un des chefs de la cité, soit archonte, soit stratège ; mais ce personnage devait se contenter de convoquer les juges, d'introduire les témoins, de veiller au bon ordre des débats. Ce n'était pas lui qui jugeait. Il n'avait à prononcer ni sur le fait en litige, ni sur l'application de la peine. La sentence n'appartenait qu'aux héliastes ; ils décidaient avec une liberté et une souveraineté parfaite, sans recevoir aucune direction étrangère et sans que leurs jugements pussent être frappés d'appel. Il est donc vrai de dire que tout citoyen était un juge. Le tribunal n'était pas autre chose que la population même ; c'était la cité rendant la justice. Comme le peuple se gouvernait lui-même, il se jugeait aussi lui-même. Il jugeait ses procès et ses crimes au même titre qu'il votait ses lois et ses traités de paix.

Assurément cette organisation judiciaire était en accord parfait avec le gouvernement de l'état athénien, et l'on ne pourrait pas imaginer une justice plus démocratique. De là ressortaient plusieurs avantages. D'abord il n'était pas à craindre que l'action de la justice fît échec aux institutions politiques ou les énervât. Elle assurait au contraire et rendait inébranlables la liberté publique et l'égalité. Aucune tyrannie, aucun privilège, ne pouvait songer à s'élever en face d'une justice ainsi constituée. Les droits de tous se trouvaient garantis par tous. Pour les crimes frappant les individus, chaque victime avait pour vengeur la cité tout entière. Les plus pauvres et les plus faibles étaient sûrs d'être puissamment protégés. Qu'on ajoute à cela que la justice était absolument gratuite, que les débats étaient publics, qu'enfin il n'existait pas d'emprisonnement préventif, et l'on estimera qu'Athènes avait trouvé quelques-uns des vrais principes d'une bonne organisation judiciaire.

Pourtant, si nous regardons de près comment cette justice était appliquée et comment ce bel organisme fonctionnait, bien des défauts se laissent apercevoir. C'en était un d'abord qu'il fallût un si grand nombre de juges, et que la justice ne pût être rendue qu'à la condition que la moitié des citoyens y emploieraient toutes leurs journées d'un bout de l'année à l'autre, au grand préjudice de leurs affaires et de leurs travaux. C'en était un autre de confier la justice, cette mission si difficile et si délicate, à des hommes à qui l'on ne demandait aucune instruction préalable, aucune aptitude particulière. Il ne suffit pas d'avoir du bon sens et un cœur droit pour bien juger, encore faut-il connaître les lois. Ce n'est même pas encore assez, et l'on ne peut être un bon juge, si l'on n'a pas fait une étude suffisante du cœur humain, de ses passions, de ses travers, de ses hypocrisies ; il faut s'être rendu capable de discerner la vérité du mensonge dans les dépositions des témoins ou dans les plaidoiries ; les faits connus, il faut démêler encore les intentions. Parmi ces juges improvisés, combien il devait être facile de trouver des dupes ! Athènes croyait naïvement que les tribunaux auraient d'autant plus de sagesse que leurs membres seraient plus nombreux ; mais dans de telles foules chacun compte sur l'ensemble. Augmentez le nombre des juges, vous n'augmentez, pas le soin que le tribunal apporte à l'examen des affaires, et la somme d'attention sera peut-être moindre chez cinq cents juges qu'elle ne le serait chez douze. Peut-être Athènes, en multipliant les juges, avait-elle compté que la vénalité et la corruption seraient plus difficiles et plus rares. En ce point, elle se trompait encore ; l'intrigue s'exerce plus aisément sur des foules irresponsables qu'elle ne s'exercerait sur un petit nombre d'hommes se surveillant l'un l'autre. Les comédies d'Aristophane et mieux encore les plaidoyers des orateurs attiques prouvent que les tribunaux d'Athènes n'étaient pas au-dessus du soupçon.

Les assemblées nombreuses ont un autre désavantage, l'éloquence et l'habileté de parole y ont trop d'empire. C'est une vérité que chacun connaît par expérience ; on sait que la même affaire, suivant qu'elle sera examinée par une quinzaine d'hommes ou qu'elle sera débattue devant une assemblée de plusieurs centaines de membres, sera presque toujours jugée différemment. L'âme humaine n'est pas exactement la même quand elle est seule ou quand elle se trouve au milieu d'une foule. Seule ou presque seule, elle a la réflexion et le calcul. Enveloppée de la foule, elle n'a presque que des entraînements et des passions. Il se passe dans toute multitude réunie des faits incompréhensibles qui sont comme des contagions ; ils bouleversent et transforment chaque esprit, ils lui enlèvent sa vue et sa pensée propre. Ce ne sont plus des hommes que vous avez devant vous, c'est un être collectif, d'une nature particulière et indéfinissable ; il ne ressemble nullement à ce que serait chaque individu pris à part, il pense autrement que chacun d'eux, il veut autre chose, il a une autre intelligence et un autre cœur. Jetez aux oreilles de cet être étrange certains mots, certaines phrases, et le voilà qui s'agite comme enivré ; il tourbillonne d'abord au gré de l'orateur ; bientôt l'orateur même n'en est plus maître, et il roule comme une mer furieuse sous l'action de je ne sais quel souffle. Athènes pouvait-elle espérer que de telles multitudes auraient le sang-froid et la sérénité qui conviennent à l'action judiciaire ? De nos jours, les assemblées politiques, qui sont forcément assez nombreuses, prennent du moins la précaution de confier à des commissions l'examen sérieux de toutes les affaires. Athènes au contraire confiait à des foules le soin si délicat de décider de la culpabilité d'un homme, de prononcer sur sa vie. Supposez une douzaine de juges éclairés, ils n'eussent pas condamné Socrate ; mais le tribunal comptait plus de cinq cents membres : des orateurs y vinrent parler de religion outragée, de jeunesse corrompue, de cité trahie, et l'honnête homme fut condamné à mort.

Mais, si je ne me trompe, voici le plus grand vice de la justice athénienne. Le tribunal, avons-nous dit, était la cité même. En théorie, cela paraît fort beau ; dans la pratique d'incalculables dangers sont inhérents à cette sorte de justice. Que dans un régime démocratique le peuple juge lui-même les procès et les crimes, c'est exactement la même chose que si, dans un état monarchique, le roi était seul investi du droit de juger. Tous les pouvoirs étant ainsi réunis dans les mêmes mains, que reste-t-il pour la liberté ? L'individu a des droits à part, il a des droits vis-à-vis de l'état ; il en a même qui peuvent se trouver parfois en opposition avec l'état. Comment ces droits individuels seront-ils protégés par le juge, si le juge est l'état lui-même ? Il nous paraîtrait sans doute monstrueux que dans une monarchie les procès et les crimes politiques fussent jugés par le monarque. C'est précisément ce qui avait lieu dans la démocratie athénienne, où le peuple souverain jugeait tous les procès et tous les débats, même ceux où il était partie. On sait quels sentiments l'animaient alors, et quels étaient ses passions ou ses préjugés, ses engouements ou ses colères. Représentons-nous Démosthène accusé deux fois devant de tels tribunaux ; l'un, dans le procès sur la couronne, l'absout glorieusement ; l'autre, dans l'affaire d'Harpale, lui inflige une condamnation ignominieuse. Croirons-nous que dans ces deux cas les juges aient examiné avec un soin scrupuleux les faits et la légalité ? Nullement ; dans l'un et l'autre cas, l'esprit de parti et les dispositions actuelles du peuple ont déterminé l'arrêt. La première fois, ces mille ou quinze cents juges se sont laissés aller à leur enthousiasme patriotique ; la seconde fois, ils ont obéi à la peur, au soupçon, à l'envie. Justice variable suivant les opinions, suivant les partis, suivant les passions ! La démocratie athénienne, nous le savons, était fort soupçonneuse. Que devenait l'homme accusé de trahison ou seulement d'incivisme devant cette cité qui jugeait ? Que devenait l'homme suspect de tendances aristocratiques devant cette démocratie érigée en tribunal ? Cette sorte de justice protégeait sans nul doute le pauvre contre les violences et les ruses du riche ; mais protégeait-elle aussi efficacement le riche contre la jalousie et la convoitise du pauvre ? Il y a dans les plaidoyers des orateurs attiques une chose qui frappe : c'est le soin avec lequel chaque plaideur cherche à prouver aux juges qu'il est pauvre, et que son adversaire est riche. C'était donc une recommandation d'être pauvre, et nous sommes bien forcés de croire que, devant de tels tribunaux, la richesse était déjà un commencement de culpabilité. La justice, dans cette démocratie envieuse, était souvent une manière indirecte de faire la guerre à la richesse. Il faut dire aussi que ces juges devaient éprouver une tentation bien forte de frapper les riches. En effet, la loi athénienne, qui infligeait rarement la mort ou la prison, prodiguait les amendes et la confiscation des biens. Déclarer que le riche était coupable, c'était donc servir les intérêts du trésor public. Or le trésor public était le trésor de tous les citoyens en général et des juges tout particulièrement. Si les juges ne se chargeaient pas d'enrichir l'état, comment l'état leur paierait-il leurs trois oboles de chaque jour ? Combien d'arrêts de confiscation ne fallait-il pas pour indemniser ces 6,000 juges !

En résumé, les principes de la justice athénienne étaient fort beaux ; mais l'application en fut mauvaise en beaucoup de points. Cette justice exercée par le peuple était nécessairement subordonnée aux intérêts ou aux passions populaires. Elle ne garantissait suffisamment ni la liberté individuelle, ni le droit de propriété, ni la conscience de l'homme, ni sa vie. Elle condamna Anaxagore, Socrate et Phocion.

II. — LA JUSTICE DANS UNE RÉPUBLIQUE SANS LIBERTÉ. — ROME.

À Rome, l'organisation de la justice a varié avec la constitution de l'état ; mais on n'a jamais songé à la séparer de la politique. Tout au contraire, le principe romain était que la justice émanait nécessairement de l'autorité publique et ne faisait qu'un avec elle. On n imaginait point à Rome que la fonction de juger dût appartenir à des hommes spécialement voués à cette œuvre ; on imaginait moins encore que les juges dussent être indépendants de l'état. Notre mot *magistrat*, par lequel nous désignons un homme chargé par profession de connaître et d'appliquer les lois, est un vieux mot de la langue des Romains ; seulement il avait chez eux un tout autre sens que chez nous. Magistrat (*magister, magistratus* ; le titre officiel du dictateur était *magister populi* signifiait chef et maître absolu. Il s'appliquait aux hommes que la cité avait revêtus de l'autorité publique avec les titres divers de consul, de dictateur, de préteur, etc. Or c'étaient ces chefs de l'état qui rendaient la justice. Ils étaient en même temps administrateurs de la cité, commandants des armées, juges des procès et des crimes. La division des pouvoirs ne fut jamais comprise par les Romains. Ils eurent beau multiplier les magistratures, ils ne surent jamais séparer le domaine de la justice de celui de l'administration, de la politique ou de la guerre. On se ferait une idée très fausse des préteurs, si on se les représentait comme de simples juges uniquement chargés de fonctions judiciaires. Ils étaient des chefs militaires et des administrateurs ; leur titre même signifiait général d'armée, et il avait été porté à l'origine par les consuls. Il est vrai qu'à quelques-uns de ces préteurs on confiait spécialement le soin de juger (c'était ce qu'on appelait *provincia urbana*) ; mais ils pouvaient tout aussi bien être mis à la tête des armées ou des provinces. Les préteurs ne ressemblaient donc nullement à nos magistrats modernes. Ils étaient plutôt semblables aux consuls ; ils étaient des consuls inférieurs, et leur charge annuelle n'était en effet qu'un des échelons qui conduisaient au consulat. Il faut ajouter que les consuls conservaient, à côté ou au-dessus des préteurs, l'autorité judiciaire, et qu'ils l'exerçaient toutes les fois qu'ils en avaient la volonté ou le loisir.

Ainsi le vrai, l'essentiel caractère de la justice, dans la république romaine, était d'être rendue par les mêmes hommes qui étaient les chefs de l'état. Elle était attachée à l'autorité publique ; elle en faisait partie intégrante. Qu'un débat eût lieu entre deux hommes, ou entre un homme et l'état, c'était un des chefs de l'état qui prononçait le jugement. Le droit, d'après le principe romain, découlait de l'autorité seule. Il n'avait pas sa source dans l'équité, dans la raison et la conscience ; il résultait uniquement de l'intérêt social ; il était, parce que la cité voulait qu'il fût : c'était donc aux chefs de la cité à l'appliquer. Il ne pouvait pas avoir d'organes particuliers et spéciaux. Il devait être prononcé par celui-là même qui exerçait l'autorité publique. C'était ce chef de l'état qui était l'organe du droit, qui l'énonçait, *jus dicebat* ; le droit résidait en lui et parlait par sa bouche.

Il est bien vrai que ce chef de la cité, qui était souvent un général d'armée et un administrateur, ne pouvait pas examiner tous les débats et peser le pour et le contre dans chaque procès. Il chargeait donc un homme de faire cet examen et cette instruction préalable ; mais cet homme, que l'on appelait *judex*, n'était pas un juge. Il n'avait d'autre fonction que celle d'étudier les faits du débat ; c'était toujours le consul ou le préteur qui, éclairé par lui, prononçait la sentence. L'examen du fait pouvait bien appartenir au *judex* ; mais l'énoncé du droit ne pouvait appartenir qu'au magistrat, c'est-à-dire à l'un des chefs de la cité. Pour juger, il fallait être revêtu de l'autorité publique. La justice était inhérente à l'autorité et ne se séparait pas d'elle.

Telle était la conception que l'esprit romain se faisait de la justice. Cette conception était simple et pratique ; mais il est douteux qu'elle puisse convenir aux sociétés modernes. Aujourd'hui nous séparons nettement le droit de la politique, et nous ne confondons plus la justice avec le gouvernement. Il y a une équité supérieure aux pouvoirs sociaux. Il existe aussi des droits individuels qui ne peuvent être asservis aux volontés publiques. Les intérêts privés ne peuvent pas toujours être jugés par l'état, et la conscience ne doit jamais l'être par lui. Chez les anciens, le gouvernement, le droit, la religion, formaient un ensemble indivisible, une unité, un seul objet à faces diverses. Chez nous, le gouvernement, le droit, la religion, sont choses distinctes et indépendantes. La liberté et la dignité humaine ont le plus grand intérêt à ce que cette distinction soit maintenue dans la pratique.

Comprise comme la comprenaient les Romains, la justice devait nécessairement être subordonnée à l'intérêt public et à la raison d'état. Aussi professaient-ils cette maxime : *salus populi suprema lex esto*, il salut de l'état doit être la loi suprême, maxime qui viole le droit, qui opprime la liberté, et qui ne peut s'excuser que dans des cas fort rares. De ce principe est venue toute cette justice inique que les anciens comprenaient sous le nom de crimes de lèse-majesté. Elle ne date pas de l'empire romain, comme on le croit généralement ; l'empire n'a fait que l'emprunter à la république. Le mot « majesté, » au temps des consuls, désignait l'autorité de l'état, comme au temps des empereurs il désignait l'autorité du prince. À l'une et à l'autre époque, il signifiait également un pouvoir absolu devant lequel s'effaçaient tous les droits individuels. Les accusations de lèse-majesté furent pour le moins aussi fréquentes sous la république que sous l'empire. Manquer de respect à un consul, mettre en doute l'autorité du sénat, rire en public d'un augure, avoir des aspirations aristocratiques quand la démocratie dominait, avoir des goûts démocratiques quand l'aristocratie avait le dessus, s'isoler des affaires publiques et vouloir vivre libre, c'étaient là autant de crimes contre la « majesté » de l'état. Or ces crimes étaient jugés par l'état lui-même dans la personne d'un consul ou d'un préteur. Il devait y avoir peu de débats où le juge ne fût intéressé, soit personnellement, soit comme chef de la cité.

Les anciens n'ont jamais bien aperçu que le despotisme d'une république n'est pas moins écrasant que celui d'un homme. Celui-ci, ils l'appelaient la tyrannie ; l'autre, ils l'appelaient volontiers la liberté. Les Romains sentirent bien vite combien l'autorité judiciaire dans la main d'un consul, sans contrôle et sans appel, était exorbitante et pouvait devenir funeste ; mais ils n'y virent d'autre remède que le jugement par le peuple lui-même. Ils autorisèrent donc tout citoyen condamné à mort par le consul à en appeler au peuple. C'est ce que le langage officiel appelait la *provocation*. Ce droit d'appel, s'il faut en croire les historiens romains, remonterait à la première année du consulat ; toutefois un esprit attentif ne manquera pas de concevoir bien des doutes sur ce point. Il ne suffit pas d'ailleurs de savoir que l'homme condamné par le consul avait le droit d'en appeler au peuple ; il faudrait savoir encore comment ce droit pouvait être exercé, à quelle sorte de comices l'appelant devait s'adresser, de quelle façon il pouvait défendre son appel. Il y a de fortes raisons, de croire que, du moins pour les premiers siècles de la république, l'appel devait être porté devant les comices par curies ou par centuries. — Or l'on sait que ces comices étaient présidés par le consul, et que nul n'y pouvait prendre la parole sans une autorisation spéciale du président. On ne voit donc pas qu'il fût facile à un citoyen de parler au peuple et de le faire voter malgré le consul contre l'arrêt de ce consul lui-même. L'appel au peuple ne fut peut-être, comme tant d'autres institutions de la république romaine, qu'un vain mot et un leurre. La preuve que cette loi sur l'appel n'était guère exécutée et restait d'ordinaire à l'état de lettre morte, c'est que nous pouvons compter dans les historiens que, dans l'espace de trois siècles, il fallut la renouveler sept fois, et Tite-Live fait même cette remarque, que ce fut seulement à la septième fois, c'est-à-dire à l'avant-dernier siècle de la république, qu'elle fut réellement appliquée.

Il arrivait souvent qu'en dehors même de tout appel le peuple romain jugeait directement et par lui-même. Les exemples les plus frappants de cette sorte de justice sont les procès de Coriolan, de Claudius Pulcher et de Scipion l'Africain. Il était sans aucun doute admis que le peuple, c'est-à-dire la cité, avait toujours le droit d'évoquer une cause, de s'ériger en tribunal pour juger un accusé. Les anciens voyaient là une garantie de liberté ; mais les exemples mêmes que nous connaissons prouvent le vice de cette juridiction populaire. Dans le procès de Coriolan, c'est la passion et la haine qui décidèrent du sort de l'accusé. Dans l'affaire de Scipion l'Africain, l'audace de l'attitude et l'emploi des mots sonores eurent raison du peuple et des lois. Il est fort difficile qu'une foule, subitement érigée en cour de justice, ne se laisse pas entraîner par des motifs absolument étrangers à l'équité. Ce grand tribunal n'était pas autre chose que l'assemblée politique, et ce serait une grande erreur de croire qu'une assemblée politique offre des garanties particulières à la liberté individuelle et au droit. Habituée à délibérer sur des intérêts d'un autre ordre, une assemblée de cette nature n'est guère disposée à fixer les yeux sur la justice absolue. Elle représente l'état, elle est l'état ; comment espérer qu'elle soit assez désintéressée de cœur et d'esprit pour juger un accusé dont la situation est précisément d'être en conflit avec l'état ? Une telle justice était contraire à la liberté, et ce qu'il y avait de pis en elle, c'est précisément qu'elle avait toutes les apparences et tous les dehors de la liberté !

III. — LA JUSTICE ARISTOCRATIQUE. — LE JURY ROMAIN.

Dans les cent dernières années de la république romaine, nous voyons fleurir une institution judiciaire qui à première vue paraît analogue à nos jurys modernes. La justice n'était plus rendue par le consul ou le préteur siégeant seul et prononçant souverainement à titre d'autorité publique ; elle appartenait à des tribunaux composés chacun d'une trentaine de juges. Ces tribunaux, que la langue officielle appelait *quæstiones perpetuæ*, étaient renouvelés chaque année, et restaient en permanence pendant l'année entière. Les membres se réunissaient sous la présidence d'un préteur, d'un questeur ou d'un édile, comme nos jurés sous la présidence d'un magistrat. En principe, ils n'étaient en effet que des jurés, et leur fonction devait se borner à écouter les dépositions des témoins et les plaidoiries, à énoncer leur avis sur les faits en litige ; en réalité, leur pouvoir allait plus loin, et le préteur ou le questeur qui les présidait n'avait guère qu'à donner lecture de l'arrêt qu'ils lui avaient dicté. Ils étaient ainsi les véritables juges. Ce n'était pas le préteur qui les choisissait ; ils étaient désignés par le sort, comme nos jurés, et la moitié d'entre eux pouvaient être récusés, soit par l'accusation, soit par la défense. Plusieurs tribunaux siégeaient à la fois, et, par une singularité digne de remarque, chacun d'eux ne jugeait qu'une seule nature de délits, l'un le péculat, l'autre la concussion, un troisième la brigue, un quatrième les crimes de lèse-majesté, d'autres le meurtre, l'incendie, le faux, l'adultère.

Cette organisation était assurément préférable à la juridiction arbitraire d'un consul et d'un préteur, ou à la juridiction passionnée et inintelligente de la foule. Il semble même qu'elle dût offrir toutes les garanties désirables à l'équité et aux droits individuels. Si pourtant on l'examine de près, surtout si l'on observe comment elle était appliquée, on reconnaît qu'elle était fort loin de remplir tout ce que l'on doit attendre d'une bonne justice. On la croirait établie dans le seul intérêt du droit ; nous allons voir qu'elle ne l'avait été que dans l'intérêt d'une classe d'hommes. Elle paraît à la fois démocratique et libérale ; au fond, elle fut un instrument pour refouler la démocratie et étouffer la liberté.

Pour la bien comprendre, il faut songer avant tout que la république romaine ne fut jamais franchement démocratique. Rome a été en tout point l'opposé d'Athènes. Athènes a fondé la démocratie, et son histoire en présente le modèle le moins imparfait qu'il y ait eu dans l'antiquité. Rome n'a jamais voulu ou n'a jamais su établir chez elle cette sorte de gouvernement. Il ne faut pas que les dehors et les apparences nous fassent illusion. Le jour où la caste patricienne, vaincue, s'effaça, l'aristocratie ne disparut pas de Rome, car il se forma aussitôt une nouvelle noblesse composée des familles les plus riches, et cette noblesse ne tarda pas à devenir une véritable caste, dans laquelle les *hommes nouveaux* ne pénétrèrent qu'avec la plus grande difficulté. En apparence, tous les citoyens étaient égaux, et le gouvernement appartenait à tous ; en réalité, la richesse gouvernait ; tous les droits, tous les honneurs, toutes les fonctions publiques étaient pour elle. Les rangs étaient marqués par la fortune. Il fallait un certain chiffre pour être sénateur, un autre pour être chevalier. Suivant le cens, on figurait dans les premières centuries ou dans les dernières, c'est-à-dire dans celles qui votaient ou dans celles qui ne votaient pas. Même dans les comices par tribus, qui étaient ce que Rome avait de plus démocratique, on avait fait en sorte que la classe des propriétaires eût trente et une voix, et que celle des prolétaires n'en eût que quatre. Par-dessus tout, il fallait être riche pour arriver aux fonctions et aux magistratures, car la première condition pour les obtenir était d'acheter les suffrages du peuple. Enfin le sénat formait véritablement une corporation héréditaire, non en vertu des lois, mais en vertu des mœurs et par la force de ses richesses. Cette corporation, qui s'intitulait la noblesse ou l'ordre sénatorial, était seule en possession des dignités, des sacerdoces, des grades de l'armée, enfin de l'administration des provinces.

C'est surtout vers l'an 150 avant Jésus-Christ que cette constitution tout aristocratique s'affermit dans Rome. Or c'est à la même époque précisément que s'établirent les jugements par jurys. Cette coïncidence est significative. La manière dont ces tribunaux étaient composés ne l'est pas moins. Il est vrai que le sort en désignait les membres ; mais il ne les prenait que sur une liste dressée à l'avance, et cette liste ne comprenait que les sénateurs. Ainsi ceux qui avaient institué cette sorte de juridiction, d'apparence si libérale, n'avaient songé qu'à enlever le pouvoir judiciaire aux magistrats et au peuple pour le mettre dans les mains de la corporation oligarchique. Par là le sénat, qui était déjà le maître du gouvernement, se trouvait du même coup le maître de la justice. C'était donc toujours l'application du même principe romain que nous signalions plus haut : la justice restait liée et subordonnée à la politique ; au lieu d'être chose distincte et indépendante, elle continuait à être une partie du gouvernement, et se trouvait dans les mêmes mains qui avaient déjà l'autorité publique.

Il est bien clair que cette sorte de justice fut pour l'oligarchie un moyen de conserver son pouvoir. Si nous prenons pour exemple le tribunal qui jugeait sur la lèse-majesté, c'est-à-dire sur tous les crimes ou délits atteignant l'autorité de l'état, il est manifeste que ce jury, composé de sénateurs, devait entendre par crime de majesté tout ce qui portait atteinte à l'autorité du sénat et aux privilèges de l'oligarchie. Le tribunal qui jugeait sur la brigue et l'achat des suffrages n'empêchait certainement pas (l'histoire le montre bien) que les suffrages ne fussent au plus offrant ; mais, si quelque ennemi du sénat les avait achetés, il était poursuivi et condamné. Le tribunal qui jugeait sur les contestations relatives au droit de cité était libre d'accorder ou d'enlever les droits politiques aux amis ou aux ennemis du gouvernement. Qu'un consul ou un proconsul se fût montré hostile au sénat, il lui était bien difficile d'échapper à l'un des tribunaux qui jugeaient le péculat ou la concussion.

L'oligarchie romaine se servait ainsi de la justice comme d'un puissant bouclier pour défendre son pouvoir. Elle s'en servait en même temps pour accroître ses richesses. On doit en effet se représenter Rome comme une ville dans laquelle ce que nous appelons aujourd'hui le monde des affaires tenait autant de place pour le moins qu'il en peut tenir dans nos sociétés modernes. Les intérêts et les spéculations s'y agitaient comme chez nous, et ils avaient aussi sur le gouvernement la même influence qu'on voit qu'ils exercent chez quelques peuples de nos jours. Il y avait seulement à Rome cette particularité, que les intérêts et les spéculations ne portaient pas sur l'industrie, sur le mouvement des capitaux, sur les divers modes de travail ; ils se concentraient sur l'exploitation des fruits de la conquête. Les provinces étaient le vaste champ où se produisait la richesse. Leurs revenus étaient de plusieurs sortes. Il y avait d'abord les impôts réguliers qui enrichissaient la république et plus encore les compagnies de chevaliers chargés de les percevoir. Il y avait ensuite l'immense domaine de l'état, qui fournissait une redevance au trésor public et des revenus plus beaux aux compagnies fermières. Il y avait enfin les bénéfices irréguliers et plus ou moins légitimes que l'administration des provinces devait fournir aux gouverneurs. Ces bénéfices n'étaient sans doute autorisés par aucune loi ; mais l'usage et les mœurs publiques les toléraient dans une assez large mesure. Il ne pouvait pas en être autrement. Les gouverneurs de provinces étaient des proconsuls ou des propréteurs, c'est-à-dire des hommes qui avaient exercé les magistratures dans Rome. Or les magistratures romaines étaient non-seulement gratuites, mais fort coûteuses, et il paraissait juste qu'elles eussent pour compensation et pour dédommagement l'administration lucrative des provinces. L'oligarchie sénatoriale se serait ruinée bien vite à exercer le pouvoir dans Rome, si elle n'eut sans cesse renouvelé et accru sa richesse par l'exploitation des pays conquis ; or, pour que cette exploitation fût sans péril, il fallait que la justice fût organisée de façon à la favoriser. Le meilleur moyen pour cela n'était-il pas de confier le jugement des actes où les proconsuls étaient en cause à des tribunaux composés exclusivement de sénateurs ? De cette façon, les juges appartenaient à la même corporation que les accusés ; ils avaient les mêmes intérêts qu'eux, ils avaient été proconsuls ou aspiraient à l'être, ils avaient commis les mêmes délits ou espéraient bien les commettre un jour. Si jamais hommes furent véritablement jugés par leurs pairs, ce furent bien ces gouverneurs de provinces jugés par les sénateurs. On pourrait presque dire qu'ils étaient jugés par leurs complices. Une telle justice semblait organisée tout exprès pour assurer l'impunité aux membres de l'oligarchie. Elle n'était pas, ce que la justice doit être la garantie des droits de tous ; elle était la garantie des intérêts et même des crimes d'une classe. Elle connivait avec la concussion et la violence. Elle sauvegardait les richesses les plus mal acquises et autorisait à les accroître indéfiniment. C'est par elle surtout que se fonda la grande opulence des familles romaines.

Deux sortes d'hommes étaient les victimes de cette espèce de justice, les provinciaux et les chevaliers. Les provinciaux souffraient directement des pillages ou de la tyrannie des gouverneurs ; les chevaliers en souffraient indirectement. On conçoit en effet que les intérêts des compagnies qui étaient fermières de l'impôt ou fermières du domaine étaient inévitablement en concurrence avec les intérêts du gouverneur ; si les bénéfices augmentaient d'un côté, ils diminuaient infailliblement de l'autre. Les provinciaux savaient rarement le moyes de faire parvenir leurs plaintes ; mais les chevaliers, qui étaient puissants à Rome par leur richesse et surtout par la parfaite union qui existait entre eux, savaient faire entendre leur réclamations. Ils ne manquèrent pas de faire ressortir la partialité et les vices de la justice sénatoriale. Ce n'est pas qu'ils fussent eux-mêmes fort épris de l'équité. Ils prétendaient non pas changer la nature de la justice, mais prendre pour eux-mêmes les avantages qu'elle procurait. Ils demandaient simplement à remplacer les sénateurs dans les tribunaux. Il s'en serait suivi que les gouverneurs de provinces auraient eu les chevaliers pour accusateurs au lieu de les avoir pour juges complaisants, et que, dans tous les débats, la partie gagnante aurait été la compagnie fermière au lieu d'être le gouverneur. Les fruits de la conquête et les bénéfices du gouvernement auraient passé tout entiers de l'ordre sénatorial à l'ordre équestre. Sur cette prétention, la guerre éclata entre les deux classes, et l'on vit le droit de juger devenir un objet de convoitise, une cause de lutte, un motif de guerre civile. Le principal et presque unique effet de l'entreprise des Gracques fut de donner les jugements aux chevaliers, et c'est par là surtout qu'ils frappèrent la noblesse ; mais, dans la réaction qui suivit, la noblesse reprit le pouvoir judiciaire :

elle se le vit enlever de nouveau par Marius, et fut encore remise en possession par Sylla. On trouva enfin un compromis par lequel on partagea les tribunaux entre les deux ordres Les luttes, qui remplirent le dernier siècle de la république, et qui lurent pour beaucoup dans la chute de ce régime, sont la meilleure démonstration des vices inhérents à une telle organisation judiciaire. Le jugement par une sorte de jury aurait pu être excellent à la condition qu'on n'en eût pas fait un instrument de politique, une source et une garantie de privilèges, un moyen de domination.

IV. — LA JUSTICE DANS LE DESPOTISME. —
L'EMPIRE ROMAIN.

Lorsque le régime républicain fit place au régime impérial, la justice se transforma aussi bien que le gouvernement de l'état Les deux choses étaient trop liées l'une à l'autre pour qu'elles ne suivissent pas la même destinée et ne fussent pas entraînées dans la même révolution. La justice resta enchaînée à la politique, et le droit de juger continua de faire partie du droit de gouverner. Le seul changement fut que la justice, au lieu d'être dans les mains d'une oligarchie maîtresse, fut dans les mains d'un empereur omnipotent. L'empereur avait réuni en sa personne l'autorité politique de tous les anciens magistrats ; il possédait donc aussi tout leur pouvoir judiciaire. Le peuple, suivant le langage des jurisconsultes, avait délégué au prince toute sa souveraineté ; il lui avait donc délégué aussi son droit de justice. Voilà pourquoi l'empereur romain fut le juge suprême, et en principe le juge unique de l'empire. Comme l'autorité judiciaire n'avait jamais été distincte de l'autorité politique, il dut prendre l'une et l'autre en même temps. Il fut seul juge comme il fut seul maître.

Toute justice émanait du prince ; il pouvait déléguer à des hommes de son choix son pouvoir judiciaire comme son pouvoir administratif. Il plaçait dans les provinces des officiers chargés de juger, de percevoir les impôts, de commander les troupes ; mais tous ces personnages, qui portaient le titre modeste d'envoyés du prince (*legati*), ou d'agents d'affaires (*procuratores*), n'exerçaient d'autre autorité que celle que le prince leur prêtait pour un temps. Ils ne jugeaient que par délégation du prince. Ils prononçaient les arrêts en son nom, et c'est de là que nous est venu cet usage, alors très nouveau, mais consacré depuis par le temps, que la justice soit rendue au nom du prince au lieu de l'être au nom de la société ou au nom de la loi.

Avec ce principe, il ne pouvait exister ni un jury ni un corps de juges indépendants. Un jury eût représenté l'intervention souveraine de la société, et cette intervention n'était pas plus admise dans l'ordre judiciaire qu'elle ne l'était dans l'ordre politique. Un corps de juges indépendants n'aurait pas même été compris, puisqu'il était admis en principe que la justice n'émanait que de l'empereur. Les princes ne songèrent même pas à établir deux classes distinctes d'agents, les uns pour administrer, les autres pour juger. La nécessité de séparer ces deux fonctions ne semble pas s'être présentée aux esprits. N'avaient-elles pas été longtemps réunies sur la tête des magistrats de la république ? Ne l'étaient-elles pas encore dans la personne du prince ? Il sembla donc assez naturel que l'agent du prince les exerçât conjointement et au même titre. Les fonctions administratives et judiciaires furent absolument confondues.

Si l'on se transporte au VIe siècle de l'ère chrétienne, on trouve que l'ordre des fonctionnaires, c'est-à-dire des agents du prince, se composait de la manière suivante : l'empire était partagé en six préfectures, y compris celles de Rome et de Constantinople, et chacune avait à sa tête un préfet du prétoire. La préfecture se divisait en plusieurs vicariats ou diocèses, dont chacun était administré par un vicaire ou vice-préfet. Le vicariat enfin se subdivisait en provinces ; on en comptait cent seize pour tout l'empire ; elles avaient à leur tête des gouverneurs que l'on appelait tantôt *proconsuls*, tantôt recteurs, plus souvent *présidents*. Ces fonctionnaires étaient avant tout des administrateurs, leur premier devoir était de percevoir les impôts, d'opérer le recrutement des soldats, de faire exécuter les ordres du prince, de veiller à tous les intérêts de l'état ; en même temps ils se trouvaient investis du droit de juger.

Le gouverneur de province était juge au civil comme au criminel. Meurtre, incendie, adultère, vol, procès relatifs à la propriété, à la succession, aux contrats, tout ressortissait à lui. Il existait à la vérité dans les divers cantons de la province des juges de rang inférieur, que l'on appelait *juges pédanés* ; mais ils étaient nommés par le gouverneur, ils n'étaient considérés que comme des délégués sur lesquels il se déchargeait d'une partie de son travail, et qui examinaient en son nom les affaires de peu d'importance. Ce n'étaient pas d'ailleurs des juges permanents ; ils ne recevaient leur mandat que pour une affaire déterminée ou une série d'affaires, et leur délégation expirait en tout cas à chaque changement de gouverneur. On peut constater aussi qu'il existait une juridiction municipale : elle appartenait aux magistrats que les villes élisaient annuellement pour les administrer ; mais ces juges, dont on pouvait toujours appeler au gouverneur, n'étaient guère que de simples arbitres, et leurs arrêts n'avaient en effet de valeur qu'autant que les deux parties consentaient à s'y soumettre. Il n'y a donc pas d'exagération à dire que, sous l'empire romain, toute justice était rendue par les fonctionnaires qui gouvernaient les provinces.

Le droit d'appel existait, il est vrai ; seulement ce n'était plus l'appel au peuple comme au temps de la république. On appelait du juge pédané au gouverneur, du gouverneur au vice-préfet, du vice-préfet au préfet du prétoire, c'est-à-dire que du jugement d'un fonctionnaire on appelait à son supérieur. Il y avait autant de degrés d'appel qu'il y avait de degrés dans la hiérarchie des fonctions ; mais il fallait toujours être jugé par un fonctionnaire, et l'on ne connaissait pas d'autre juridiction.

l'iniquité d'une telle justice est évidente. Il se trouvait que le même homme qui, à titre d'autorité politique, gouvernait la société et décidait des intérêts généraux prononçait aussi, à titre d'autorité judiciaire, sur les intérêts privés et sur les droits individuels. Le gouvernement, qui disposait déjà de toutes les forces publiques, avait encore à sa discrétion la propriété et la vie des particuliers. Il fallait lui obéir comme à un maître, et il fallait encore lui soumettre ses affaires d'intérêt et ses débats comme à un juge. On se ferait une idée assez exacte de ce que devait être cette justice de l'empire romain, si l'on supposait chez nous un régime tout à fait despotique, sans limite, sans contrôle, et en même temps, tous les tribunaux supprimés, la justice rendue au civil et au criminel par des préfets, agents du pouvoir absolu. Pour sentir encore tout l'odieux de cette sorte de justice, il faut songer qu'à cette époque il n'y avait de lois que celles qui émanaient de l'empereur. La loi était ce que le prince avait dit (*edictum*), ou ce qu'il avait écrit *rescrip'tum*, ou ce qu'il avait répondu au fonctionnaire qui l'avait consulté (*responsum*). La loi n'était autre chose que la volonté de l'empereur, *quidquid principi placuit legis habet vigorem*. Ainsi toute autorité, politique, législative, judiciaire, se trouvait concentrée dans les mains d'un seul homme ou dans les mains de ses agents.

Il va sans dire qu'avec une pareille justice le simple particulier n'avait aucun recours contre les abus de pouvoir des gouverneurs. Or on reconnaît une bonne organisation judiciaire surtout à ce signe, qu'elle garantit les droits de l'individu contre les exigences excessives des pouvoirs publics. Rien de semblable ne pouvait exister dans la justice impériale. S'agissait-il de ce qu'on appelait crimes de majesté, c'est-à-dire d'un de ces nombreux délits qui portaient atteinte à l'état ou à la personne du prince, c'étaient les agents de l'état et les représentants du prince qui étaient juges. S'agissait-il d'une simple question d'impôt, d'un refus de paiement ou d'une réclamation, l'homme qui jugeait était précisément celui qui était chargé de la perception des impôts, et qui mettait son intérêt et même son devoir à condamner. S'agissait-il d'une plainte contre un fonctionnaire, d'une de ces mille vexations auxquelles les gouvernés sont toujours exposés de la part des gouvernants, c'était devant un fonctionnaire qu'il fallait porter sa plainte.

Le despotisme alors imprima sa marque sur toutes les parties de la justice. La procédure fut simplifiée outre mesure pour la plus grande commodité du juge et aux dépens du justiciable. Un texte de loi donne une idée de la latitude qui était laissée au juge. « Pour les affaires de peu d'importance, y lit-on, il devra les expédier rapidement, *de plano*, et bien vite renvoyer l'accusé ou lui infliger la peine du bâton ou du fouet. » Or quelles étaient les affaires de peu d'importance ? C'était au juge lui-même à le décider. L'état se gardait bien d'imposer des règles étroites à un juge qui était son agent. En général, la loi l'enchaînait fort peu ; il pouvait presque toujours, suivant l'expression du code lui-même, porter un arrêt plus doux ou plus dur à son choix, ce qui signifiait qu'il appliquait la peine qu'il voulait, et qu'il lui était permis de se montrer, suivant les circonstances ou suivant son intérêt, indulgent ou sévère. L'accusé n'avait aucune garantie. Il existait, à la vérité, des avocats pour l'assister, pour lui faire connaître la loi, pour faire valoir son droit devant le juge ; mais le juge pouvait interdire à un avocat l'exercice de sa profession, ou lui défendre de plaider dans une affaire ; il n'y avait donc d'avocats qu'autant qu'il plaisait au juge.

Avec ce régime judiciaire, la détention préventive parut toute naturelle. Elle était inconnue dans les anciennes cités ; l'accusé, moyennant qu'il fournît caution, restait libre, et pouvait ainsi préparer sa défense. Sous l'empire, l'emprisonnement préventif s'établit. La torture devint aussi à cette époque un moyen d'information judiciaire. L'ancienne Rome ne l'autorisait que contre les esclaves ; l'empire l'infligea aux hommes libres. La pénalité devint aussi plus sévère que dans l'époque précédente ; on imagina des supplices nouveaux, la flagellation, la confiscation des biens, le travail forcé dans les mines, enfin la servitude.

La confiscation surtout paraît avoir été du goût des législateurs et des juges impériaux. Toute condamnation à mort ou à la déportation entraînait avec elle la confiscation des biens du condamné ; la famille et les enfants se trouvaient ainsi condamnés pour la faute d'un seul. Le même châtiment fut prononcé pour une foule de délits ; par exemple, si un décurion épousait une esclave, si un propriétaire donnait asile à un voleur, si, pour diminuer sa part d'impôt, on dissimulait la valeur de ses biens, pour beaucoup d'autres fautes assez légères, la confiscation était prononcée. Ainsi l'état s'enrichissait par les fautes des particuliers, et il avait intérêt à ce qu'il y eût des coupables. Nous pouvons bien penser que, lorsqu'un accusé était amené devant le juge, ce juge, qui était l'agent de l'état et le percepteur des impôts, devait calculer ce que la condamnation pouvait rapporter et se sentir disposé par devoir à condamner. Loin que la justice assurât le droit de propriété, elle lui faisait la guerre. Les documents de cette époque nous le montrent. En effet, les terres sortaient peu à peu des mains des particuliers et passaient dans celles de l'état, qui les convertissait en domaines emphytéotiques. Ce grave changement dans la nature de la propriété foncière, ou plutôt cette disparition graduelle de la propriété fut la conséquence de la mauvaise organisation de la justice. La justice, qui doit avoir pour objet de protéger l'existence et la propriété des hommes, semblait au contraire établie tout exprès pour mettre l'une et l'autre à la discrétion du pouvoir. Le mal qu'elle fit peut se mesurer à la ruine générale et à la pauvreté qui frappa les populations. Le droit de propriété et la liberté civile n'étant plus garantis, le travail cessa, les métiers chômèrent, l'agriculture languit, les champs restèrent en friche, et furent souvent abandonnés par leurs propriétaires. Le nombre des esclaves s'accrut, et celui des hommes libres diminua. Le despotisme stérilise et corrompt par sa justice même.

Partie 2

L'organisation de la Justice dans les Sociétés Féodales

V. — DE LA JUSTICE CHEZ LES ANCIENS GERMAINS.

On a vu comment des sociétés fort intelligentes, fort habiles, celles d'Athènes et de Rome, qui avaient poussé très loin l'art du gouvernement, avaient compris la justice. Nous avons montré qu'elles l'avaient dénaturée et détournée de sa vraie fin en la subordonnant à l'intérêt politique, en faisant plus souvent d'elle un moyen de gouvernement qu'une garantie du droit. Il n'est peut-être pas inutile d'observer à son tour une société presque barbare, la vieille Germanie, et de chercher quelle idée elle s'est faite de la justice, quelle organisation judiciaire elle s'est donnée.

Nous ne devons assurément pas nous représenter les anciens Germains comme l'idéal et le modèle des sociétés ; Tacite lui-même a vu et signalé chez eux plus d'une imperfection. Se les figurer comme des populations absolument dans l'enfance, vivant encore de la vie sauvage, serait une autre erreur. Ces peuples, qui appartenaient à la même race que les Latins et les Grecs, qui étaient sortis du même berceau, avaient eu aussi à l'origine les mêmes institutions, les mêmes croyances, le même état social. Les vestiges de cette antiquité lointaine n'ont pas tellement disparu qu'on ne les retrouve dans quelques phrases de Tacite ; mais ils sont plus nettement marqués dans les codes germains, et surtout dans les traditions des Sagas. On y peut voir que la vieille société germanique, aussi bien que les plus anciennes populations de l'Italie et de la Grèce, a été soumise à une théocratie, qu'elle a obéi à une noblesse sacerdotale assez analogue au vieux patriciat romain, et que, dans les plaines de la Germanie comme dans les champs du Latium, c'est une religion grossière qui a consacré le premier droit de propriété sur le sol, et qui a imposé aux hommes les premières lois. Partis du même point que les Latins et les Grecs, Ces Germains suivirent aussi le même chemin, entrèrent dans la même série de révolutions. Ils s'affranchirent de la théocratie, et se constituèrent en tribus qui ne furent pas sans analogie avec les cités primitives. Seulement leur marche et leurs progrès, en matière d'institutions politiques comme en matière de civilisation, furent très lents. Tandis que les Grecs et les Latins avaient déjà traversé toutes les phases du régime de la cité, les institutions libres, l'aristocratie, la démocratie, enfin le despotisme, ces Germains, grâce à la lenteur de leurs évolutions, n'en étaient encore qu'au régime de la tribu aristocratique. Tacite les jugea meilleurs que ses compatriotes, parce qu'ils étaient moins avancés ; leurs institutions lui parurent sans défauts, parce qu'elles avaient d'autres défauts que ceux qui le frappaient dans l'empire romain.

Il ne faut pas nous méprendre sur la nature de la vieille liberté germaine. L'esprit de discipline fut toujours plus fort chez cette population que l'esprit de liberté. Il suffit d'observer avec quelque attention les mœurs et les usages de ces anciens temps pour s'apercevoir que l'obéissance et la subordination tenaient déjà dans la société germanique une fort grande place. — On y distinguait trois classes d'hommes, les nobles, les libres, les serfs. Ces hommes étaient hiérarchiquement superposés les uns aux autres. Le serf était lié à l'homme libre par son infériorité native ; l'homme libre était presque toujours lié au noble par le contrat de patronage et ce contrat, tout volontaire qu'il paraissait être, ne laissait pas d'être étrangement rigoureux dans la pratique. La sujétion, de quelque nature qu'elle fût, celle des enfants à l'égard du père, celle du serf à l'égard de l'homme libre, celle du compagnon à l'égard du chef, s'exprimait dans le langage par un même mot, *munt* ou *mundium*, et ce mot marquait avec une énergie singulière la dépendance d'un inférieur vis-à-vis d'un maître. Toutes les personnes qui se trouvaient, à divers titres, sous le *mundium* d'un même homme formaient un seul groupe, une seule *famille*, dont cet homme était le père, le chef, le souverain omnipotent. Telle était la constitution de la famille, et la propriété foncière était constituée sur ce modèle. On a mis en doute que les Germains aient connu le droit de propriété. Étrange erreur ! leurs traditions religieuses attestent que ce droit était établi chez eux, et de la façon la plus solide, dès les époques les plus reculées. Ce qu'ils ne connaissaient pas, c'était la petite propriété individuelle. Chaque groupe ou famille (il faut entendre la grande famille telle que le *mundium* la constituait) vivait sur un grand domaine isolé et indivis. Le chef de famille en était seul propriétaire ; pour la culture et pour la jouissance, il en distribuait les parts à ses subordonnés, c'est-à-dire à ses hommes libres ou à ses serfs, et, pour mieux marquer que, restant, lui seul, propriétaire, il ne concédait que la jouissance, il était d'usage que ces lots changeassent de mains chaque année. César, qui n'a pu observer que très superficiellement les Germains, a pourtant été frappé de cet usage, et, sans en chercher le sens et la raison, il l'a noté en passant dans ses *Commentaires.*

Ainsi l'état social des Germains, grâce à la manière dont la famille et la propriété étaient constituées chez eux, était tout à fait aristocratique. Si maintenant nous passons à leur état politique, nous le trouverons fort libéral. La liberté, absente de la famille, régnait dans la tribu. La raison de cela se voit tout de suite : les inférieurs, les serfs, les hommes libres soumis au patronage, n'étaient pas regardés comme des membres de l'état ; ils n'appartenaient qu'à la famille, et ils n'avaient pas d'existence politique. Il résultait forcément de là que l'état ou la tribu n'était que l'association des chefs de famille, c'est-à-dire des grands et des puissants. Dans une telle association, il ne se pouvait pas que chaque *membre* ne fût très libre, car chacun était trop fort par lui-même pour qu'on pût le soumettre aisément à une autorité despotique. Si ces hommes avaient un roi à leur tête, il fallait bien que ce roi, qui ne devait pas être beaucoup plus fort que chacun d'eux, consultât sur toutes choses leur volonté. Imagine-t-on qu'il osât entreprendre une guerre ou faire une loi malgré eux ? Les aristocrates tiennent fort à leur liberté, et ont le moyen de la garder. On a remarqué que ces Germains n'étaient ni asservis au souverain, comme les sujets des monarchies pures, ni asservis à l'état, comme l'étaient les citoyens des républiques démocratiques de la Grèce, et l'on a admiré l'importance et la dignité que l'individu humain possédait dans cette société germanique. Tout cela est juste et vrai, à la condition toutefois que nous l'entendions, non des serfs ni de tous les hommes soumis au *mundium*, mais seulement du chef de chaque groupe. Celui-là sans nul doute était un personnage puissant et respecté. Qu'il ait su conserver sa liberté individuelle, qu'il ait mis sa dignité personnelle hors de toute atteinte, qu'il ait réussi à réserver sa sphère d'action isolée et indépendante, il n'y a rien d'étonnant à cela. Il est assez facile d'être maître de soi quand on est déjà maître des autres ; l'individu est fort lorsqu'il réunit en sa seule personne la force de tout un groupe nombreux et docile. Celui qui se sent les droits et le cœur d'un chef ne peut guère être un esclave.

Le système judiciaire des Germains était conforme à leur état social et politique. Il y avait chez eux deux sortes de justice, la justice privée et la justice publique. Chaque chef avait la juridiction sur sa famille, sur ses serfs, sur ses *lites*, sur tous les hommes soumis à son *mundium*. Lui seul en effet était chargé de maintenir l'ordre dans cette petite société dont il était comme le roi. Quelqu'un de ses subordonnés avait-il commis un délit, le chef en était seul responsable envers les autres familles de la tribu, et il est clair que cette responsabilité entraînait pour lui le droit et le devoir de punir le coupable. Cette sorte de justice était toute privée et toute domestique ; elle ne sortait pas de l'enceinte de la famille. Nous ignorons d'ailleurs si l'inférieur avait quelques garanties de droit vis-à-vis de son maître.

Quant à la justice publique, elle ne s'exerçait guère, à proprement parler, que dans un cas, celui où le crime avait été commis contre la tribu elle-même. Si par exemple un homme s'était rendu coupable de trahison ou de lâcheté devant l'ennemi, la tribu, personnellement lésée par le crime, en poursuivait elle-même le châtiment. Le roi ne jugeait pas seul ; cela eût paru contraire à la liberté et au droit. Il n'exerçait en aucune façon le pouvoir judiciaire, et la justice en aucun cas n'émanait de lui ; mais la communauté tout entière, c'est-à-dire le corps des chefs de famille, s'assemblait sous la présidence du roi, ou plus souvent sous celle d'un prêtre. Elle examinait l'accusation, discutait, et pouvait prononcer la peine de mort contre le coupable. La société, qui avait été frappée par le crime, frappait à son tour le criminel. D'ailleurs la sentence ne pouvait être prononcée que par le prêtre, et ne pouvait être exécutée que de sa main. Par un reste du vieux régime théocratique, la justice criminelle semblait encore rendue au nom des dieux.

Mais, si le délit ou le crime n'avait frappé qu'un simple particulier, les choses se passaient autrement. Tacite nous dit bien qu'il y avait dans chaque canton un tribunal composé d'une centaine de juges ; seulement on se ferait une idée fort inexacte de cette espèce de justice, si l'on s'en tenait aux paroles assez vagues de Tacite, et surtout il serait impossible de comprendre la singulière procédure et l'étrange pénalité qui étaient en usage dans ces tribunaux. Pour s'expliquer le système judiciaire des Germains, il faut remonter au principe d'où ce système tout entier découlait, et pour cela nous devons avant toute chose éloigner de notre esprit l'idée que nous sommes accoutumés à nous faire de la justice. Chez nous, la justice est un acte d'autorité qui émane des pouvoirs publics et qui s'impose aux individus, parce que nous croyons que toute faute, même quand elle est commise contre un simple particulier, porte atteinte à la société tout entière, et aussi parce que nous croyons que la société a un devoir de protection à l'égard des simples particuliers. Les anciens Germains pensaient autrement. Il ne leur semblait pas qu'une faute commise sur un individu intéressât la société, et par conséquent ils n'accordaient pas à la société le droit de juger, de condamner, de frapper. À leurs yeux, la victime seule avait le droit de châtiment, ou, en d'autres termes, le droit de vengeance. Il faut seulement remarquer que, comme les Germains ne s'isolaient pas individuellement, comme ils se groupaient en *familles* sous le *mundium* de quelque chef, la vengeance appartenait non pas à l'individu seul, mais à la *famille* tout entière. C'était à ce groupe qu'incombait l'obligation de punir l'offense faite à l'un des siens. La tribu n'avait pas à s'occuper d'un débat qui ne la concernait pas ; mais la famille atteinte par le crime cherchait à frapper à son tour la famille d'où le crime était parti. Un homme du XIXe siècle jugera certainement que ce principe des Germains était contraire à la raison et surtout à l'intérêt social. C'est que nous vivons dans un temps où la famille est constituée tout autrement qu'elle ne l'était alors ; cette famille est aujourd'hui aussi faible et aussi réduite qu'elle était alors nombreuse et forte, et l'autorité publique a grandi de tout ce que l'autorité domestique a perdu. Constituée comme elle l'était chez les Germains, la famille était un corps assez puissant pour être capable de se venger, de garantir son droit, sans que l'intervention sociale parût utile ou même légitime. Ces principes restèrent longtemps enracinés dans l'esprit du Germain. On les retrouve encore dans des codes qui ont été rédigés assez tard. On lit par exemple dans les lois lombardes : « Le meurtrier, s'il n'a pas pris la fuite, ne doit être soumis à aucune peine ; mais il doit subir les inimitiés de la famille de sa victime, jusqu'à ce qu'il se soit réconcilié avec elle, s'il le peut. » Cette sorte de justice prenait nécessairement la forme d'une guerre entre les deux familles ; puis la guerre, après les maux inévitables, se terminait ordinairement par une réconciliation, une indemnité, un traité de paix. La société gardait d'ailleurs une neutralité parfaite entre les belligérants.

Il pouvait cependant arriver que l'un des deux adversaires eût recours à l'intervention publique et réclamât l'appui de ses semblables. Alors les chefs de famille de chaque canton, au nombre d'une centaine, se réunissaient pour former une sorte de jury autour d'un chef ou d'un président choisi par eux. C'était là ce qu'on appelait en langage germanique le *mall*, assemblée locale dont il est fait mention si fréquemment dans les chroniques et dans les codes ; mais les hommes qui composaient le *mall* étaient bien moins des juges que des arbitres. Il ne paraît pas qu'au moins à l'origine ils aient eu le droit de mander personne devant eux. Ils n'avaient pas de ministère public qui leur amenât les accusés ; aucun fonctionnaire ne se chargeait ni de préparer l'œuvre des juges par l'instruction préalable ni de produire les témoins. On ne se présentait devant eux qu'autant qu'on le voulait, et c'était à chaque partie d'y amener à ses risques et périls la partie adverse. Ce qu'on demandait à ce jury, c'était moins un acte de justice qu'un acte de médiation. Il est à remarquer en effet que l'intervention du *mall* pouvait être sollicitée aussi bien par l'offenseur que par l'offensé. Il pouvait arriver que ce fût le meurtrier lui-même qui assignât le fils de sa victime. C'est qu'en réalité il s'agissait non pas de justice, mais d'arbitrage. La mission de l'assemblée n'était pas de punir un crime, elle était seulement de se placer entre deux belligérants pour les réconcilier. A cet effet, elle devait se faire rendre compte des faits pour évaluer le tort qui avait été causé. Elle l'estimait en argent, et fixait l'indemnité que l'offenseur devait payer à l'offensé. Moyennant cette indemnité, l'offensé était contraint de se réconcilier avec son ennemi. C'est apparemment pour ce motif que l'indemnité s'appelait *wehrgeld*, c'est-à-dire argent de la guerre ou équivalent du droit de guerre. Le taux en variait suivant la nature de l'offense, et aussi suivant le rang de la victime. Il était naturel en effet qu'une famille riche et puissante évaluât son droit de guerre à plus haut prix qu'une famille faible. Il est même probable qu'à l'origine les juges prenaient pour base de leurs calculs, non pas le mal qui avait été commis, mais le mal que la famille lésée était en état de rendre. Le *wehrgeld* n'était pas toujours payé au fils de la victime ; il l'était au chef de famille, c'est-à-dire à celui qui possédait le *mundium* ou le droit de patronage, et plus ce chef était élevé en puissance ou en dégouté, plus le *wehrgeld* était considérable. C'est en vertu de ce principe qu'au temps des Mérovingiens le meurtre d'un antrustion du roi donnait lieu à une indemnité triple de celle qui suffisait à payer le meurtre d'un simple homme libre. Outre le *wehrgeld*, l'offenseur devait payer à l'assemblée (plus tard au roi) un *fredum* ; cet *argent de la paix* n'était, selon toute apparence, que le prix dont le coupable payait aux hommes du canton les dérangements qu'il leur avait causés, et surtout l'assurance de paix qu'il avait obtenue d'eux. Il était désormais sous leur protection, et toute protection s'achetait.

On voit sans peine pourquoi les tribunaux germaniques ne prononçaient jamais ni la peine de mort ni l'emprisonnement ; c'est qu'ils n'étaient pas institués pour punir. Leur seul objet était de réconcilier. Ils n'avaient qu'à dire à quel taux la guerre serait évitée et la paix rétablie. C'est pour cela que la loi Salique et la loi des Ripuaires ne sont presque autre chose que des tarifs indiquant la somme à payer pour tel acte commis sur telle personne. La justice criminelle, chez ces peuples germains, se présentait exactement sous la même forme que la justice civile de nos jours. Elle procédait, non comme s'il s'agissait d'un acte moralement mauvais, d'une faute contre la loi morale, d'un crime, mais comme s'il s'agissait simplement d'un tort involontaire. En conséquence elle prononçait, non un châtiment, mais une réparation. Elle n'avait pas de pénalité, elle avait seulement des dommages et intérêts. Dans l'offenseur et l'offensé, elle ne voyait pas un criminel et une victime, elle ne voyait que deux parties en procès. Dès lors elle devait se montrer impartiale et indifférente entre ces deux hommes. Non-seulement elle ne s'appliquait pas à châtier un coupable, c'était au contraire le plus souvent ce coupable même qu'elle prenait sous sa protection en obligeant la victime à se contenter d'une indemnité. Dans un tel système, judiciaire, la prison préventive ne pouvait pas trouver place. Comme la société ne poursuivait pas un criminel, elle n'avait aucun motif pour s'assurer à l'avance de sa personne, et elle n'avait pas non plus le droit de lui retirer sa liberté. L'accusé d'ailleurs, en vertu des principes que nous venons de voir, était absolument l'égal de l'accusateur. Tous les deux comparaissaient également libres, comme il convenait à deux hommes en procès. Le tribunal, en simple arbitre qu'il était, ne devait pas marquer d'avance sa préférence pour l'un des deux.

Le principe germanique en matière de justice était donc l'opposé du principe romain. Le juge romain représentait l'autorité publique armée pour frapper un coupable ; les juges germains étaient des hommes qui défendaient un malheureux. Aussi peut-on reconnaître dans toute la suite de l'histoire que toute juridiction issue du droit romain a eu pour caractère d'être d'avance hostile au prévenu, tandis que toute juridiction issue du vieux droit germanique a eu pour caractère d'être d'avance favorable à l'accusé. L'une poursuit, l'autre protège. C'est que l'une a pour objet la répression, l'autre la médiation.

Cette conception germanique de la justice a un air de douceur et d'équité qui séduit d'abord. Est-ce à dire qu'elle répondît entièrement aux besoins des sociétés humaines ? Cette justice n'était, à vrai dire, que l'absence de justice. Elle n'était qu'un arbitrage. Or l'arbitrage, chose excellente en soi, ne suffit pourtant pas à dompter les passions et les convoitises. S'il est beau sans doute d'être indulgent à l'égard de l'accusé, il est d'un fâcheux effet d'être impuissant à l'égard de la victime. Faute de répression et de poursuite, beaucoup de crimes restaient certainement impunis ; l'on pourrait même dire sans exagération qu'aucun crime n'était réellement puni, car l'indemnité qui était exigée du meurtrier ou du voleur n'était pas un châtiment. Le coupable n'était jamais frappé comme coupable. Il n'était atteint ni dans sa personne, ni même dans sa considération. Une fois qu'il avait payé le *wehrgeld*, il était quitte avec sa victime, avec la société, avec la morale. Il pouvait se regarder comme parfaitement innocent et marcher le front haut ; il pouvait même se vanter de son crime et dire comme ce personnage dont parle Grégoire de Tours : « Que me reproches-tu ? Tu dois me savoir gré d'avoir tué tous tes parents, car par ces meurtres j'ai enrichi ta famille. » Il est certain qu'une telle justice justifiait le crime plutôt qu'elle ne le châtiait. Qu'on observe dans les chroniques l'état de la société dans les royaumes fondés par les Germains, et l'on devra reconnaître que cette façon de justice fut tout à fait impuissante à établir la sécurité des personnes, à garantir le droit de propriété aux faibles, à fonder l'ordre social. Elle ne paraît pas non plus avoir eu pour effet d'assurer l'empire des idées morales et de rendre les hommes meilleurs. On a souvent dit qu'en matière de justice, comme en toutes choses, la race germanique avait rajeuni et régénéré l'ancien monde. C'est là une de ces maximes que l'on répète, mais dont on ne saurait pas trouver la preuve dans l'histoire.

VI. — D'UN TEMPS OÙ LA JUSTICE FIT DÉFAUT.

L'organisation judiciaire que l'empire romain avait établie ne lui survécut pas. Le jour où les Germains furent maîtres de la Gaule, les fonctionnaires impériaux s'éloignèrent, et comme ces fonctionnaires étaient en même temps des juges, tout l'ordre judiciaire fut instantanément anéanti. La justice, qui était une partie de l'administration, fut renversée avec elle.

Les rois francs essayèrent de la relever. Le système qu'ils tentèrent d'établir fut une sorte de combinaison entre les traditions de l'empire romain et les usages de la Germanie. Comme les empereurs, ils conférèrent à leurs fonctionnaires de l'ordre administratif, qu'on appelait comtes, le droit et le devoir de rendre la justice. En même temps, suivant les usages de la Germanie, ils laissèrent se former à côté de chacun de ces fonctionnaires un jury composé des notables de chaque canton que l'on appelait les *rachimbourgs*. Les rois eux-mêmes se constituèrent juges suprêmes au même titre que l'avaient été les empereurs et les préfets du prétoire ; mais dans le plaid royal les notables du royaume et tous les hommes puissants siégeaient à côté du roi et jugeaient avec lui. C'était, on le voit, un système mixte ; le pouvoir judiciaire était partagé entre l'autorité publique, représentée par les rois et leurs comtes, et la société elle-même, représentée par les grands dans le plaid royal et par les rachimbourgs dans les cours des comtés.

Quelle fut la valeur de cette organisation judiciaire ? Si l'on ne regarde que les actes officiels et les monuments législatifs du temps, il semble que cette justice ait été parfaitement constituée ; mais si l'on observe ce qu'elle était dans la pratique, si l'on pénètre quelque peu dans la vie sociale de cette époque, on est amené à penser que la justice des comtes mérovingiens et des rachimbourgs n'eut jamais une existence bien réelle. Qu'on lise les chroniques, et, sur une centaine de cas où cette justice devrait exercer une action impérieuse, c'est à peine si on la voit trois ou quatre fois se montrer. Les faits se déroulent presque toujours comme si elle n'existait pas. Il est douteux qu'elle ait jamais fonctionné avec régularité et avec vigueur ; il est certain en tout cas qu'elle eut peu de durée. Les raisons de cela s'aperçoivent bien. Il n'y avait pas assez d'accord entre la population et l'autorité publique pour qu'elles pussent concourir à l'œuvre difficile de juger les procès et les crimes. Les conflits devaient être perpétuels entre les rachimbourgs et le comte, comme ils l'étaient dans le plaid royal entre les grands et le roi. Ces tribunaux, au lieu de mettre la paix entre les hommes, étaient eux-mêmes des théâtres de querelles. Ajoutez que les lois étaient diverses suivant la naissance et la nationalité des hommes ; les juges d'un même tribunal n'avaient ni la même langue, ni les mêmes idées, ni la même législation. Il faut songer aussi au désordre moral de cette époque. L'autorité publique n'avait aucun des caractères qui attirent le respect des hommes : les rois donnaient l'exemple de tous les crimes ; leurs fonctionnaires avaient acheté leurs fonctions argent comptant, et prétendaient en faire trafic. La population ne valait guère mieux. Qu'on se figure la boue de l'empire romain et les flots très impurs de l'invasion germanique ; quel bien pouvait-il résulter du mélange ? Le travail paisible et régulier étant à peu près impossible, la force brutale avait pris le dessus. Les hommes se faisaient concurrence, non de travail ou de talent, comme dans les sociétés bien organisées, mais de cupidité, de ruse ou de violence. Pour être de bons juges, encore aurait-il fallu qu'ils eussent dans l'âme quelque idée de la justice.

Charlemagne voulut à son tour reconstituer un ordre judiciaire, il rétablit les plaids royaux et ceux des comtes ; mais tous ses efforts échouèrent. On est frappé, quand on lit ses capitulaires, de la peine qu'il se donne à tout moment pour apprendre à ses fonctionnaires qu'ils doivent rendre la justice ; il faut qu'il leur rappelle incessamment ce devoir, il faut qu'il les fasse surveiller par ses envoyés, il faut qu'à chaque instant il les menace de destitution : preuves certaines que la justice était mal rendue ou ne l'était pas du tout. Ce fut bien pis sous ses successeurs. Au bout de peu d'années, les rois n'avaient plus ni administrateurs, ni fonctionnaires, ni juges. L'autorité royale était manifestement impuissante à établir une justice entre les hommes.

Cela dura jusqu'au XIIIe siècle. Sans doute on n'est pas sans trouver dans cette longue période de temps quelques essais et, pour ainsi dire, quelques embryons de justice. On voit se former la juridiction du propriétaire sur son colon, celle du seigneur sur son vassal, celle de l'évêque sur son clerc ; mais ce n'est là encore qu'une justice irrégulière, incohérente, intermittente, presque toujours contestée. Le caractère de cette justice est surtout d'être essentiellement privée, personnelle, domaniale ; la justice n'existe pas comme institution publique. Elle n'a rien de général ni de fixe, et ne se rattache par aucun lien à l'état. Ce n'est pas la royauté qui peut être la source de la justice, parce que cette royauté n'a ni fonctionnaires ni sujets ; ce n'est pas la féodalité, parce qu'elle n'a pas encore de règles bien établies ; ce n'est pas la société, parce que les populations ne forment pas corps. La justice est absente.

Il y eut ainsi un long espace de temps durant lequel aucun droit ne fut fermement établi. L'homme n'eut de garantie ni pour ses biens, ni pour sa liberté, ni pour sa vie. La société ne se chargea de protéger personne. Chacun n'eut pour se défendre que sa force propre, et ne put attendre justice que de lui-même. L'épée décida donc de tout droit et jugea tous les débats. Deux seigneurs étaient-ils en désaccord sur une question de propriété, d'héritage ou de subordination féodale, ils entraient en guerre, et chacun d'eux, avec ses soldats et sa petite armée, tuait, pillait, brûlait. La guerre n'était pas, comme on est porté à le croire, le privilège des seigneurs féodaux ; elle était permise à toutes les classes : bourgeois, ecclésiastiques, paysans, soit isolément, soit par troupes, se faisaient la guerre entre eux aussi bien que les seigneurs, et vidaient par les armes presque toutes leurs contestations.

Ce qui semble incroyable et ce qui pourtant est vrai, c'est que la guerre devint une institution légale. Nous ne parlons pas ici du duel judiciaire, qui était chose à part ; nous parlons de la guerre privée, que les jurisconsultes de cette époque appelaient simplement la guerre. C'était, dans toute la force du terme, une lutte entre deux troupes d'hommes qui pouvaient user de toutes les violences et de toutes les ruses, et qui pouvaient se chercher, s'atteindre, se combattre pendant des mois entiers. Cette guerre était réputée légitime, et aucune autorité publique ne s'avisa de la défendre avant le XIIIe siècle. Le jurisconsulte Philippe de Beaumanoir, contemporain de saint Louis, parlait encore de la guerre privée comme d'une coutume établie, et il n'osait pas la condamner comme contraire à la raison et à l'équité. C'est que, quand la justice régulière avait cessé de fonctionner, la guerre était devenue le seul recours des hommes, et avait pris dans la société la place que la justice avait quittée. On se combattait en ce temps-là comme aujourd'hui on se fait un procès. La guerre était la forme de procédure la plus habituelle. Il semblait alors aussi naturel et aussi légitime que les hommes décidassent leurs querelles par la force qu'il nous semble naturel aujourd'hui que deux souverains ou deux peuples prennent les armes l'un contre l'autre. Il n'existe pas de tribunal régulier pour juger les nations ; il n'en existait pas non plus à cette époque pour juger les particuliers. De même que dans nos guerres d'aujourd'hui le vainqueur ne manque jamais de proclamer qu'il a combattu justement et que c'est Dieu qui lui a donné la victoire, de même dans les guerres privées du moyen âge on ne manquait pas de dire que l'issue du combat était l'expression de la volonté de Dieu et décidait le droit. Ainsi la guerre prenait la forme et les dehors de la justice même. Elle était la seule justice, ou peu s'en faut, dont les arrêts fussent respectés. Elle n'était pas le désordre, elle était l'ordre légal. Il y eut donc une série d'environ trois siècles pendant lesquels l'état de guerre fut l'état normal et constant ; l'existence des hommes fut alors, comme l'est encore aujourd'hui celle des peuples, subordonnée à la force ; la vie fut un perpétuel combat, et la société une mêlée générale.

L'excès du mal fit comprendre aux hommes ce que vaut la justice. Dès le commencement du XIᵉ siècle, il se produisit un événement singulier et peut-être unique dans l'histoire. On vit les populations protester contre la guerre et se lever en masse pour la faire disparaître. Une immense coalition se forma en faveur de la paix. Les hommes s'assemblaient par milliers, dans les villes, dans les villages, souvent dans de grandes plaines, et ils décrétaient entre eux la paix. Écoutons le chroniqueur. « Dans la Picardie, en l'année 1021, les hommes souffraient de la famine et de la peste (ce sont les fruits ordinaires de la guerre, et ces hommes ne s'y trompaient pas) ; ils songèrent que ces fléaux étaient une juste punition du ciel, parce qu'on ne gardait pas la paix, la paix que le Seigneur aime par-dessus toutes choses. Ils convinrent donc d'établir la paix. Ils allèrent chercher les reliques des saints, et sur ces reliques ils jurèrent le pacte inviolable de la paix. » Voici un autre chroniqueur qui parle d'une autre partie de la France. « En l'année 1033, les évêques et les prêtres de l'Aquitaine et tous les autres chrétiens *de toute condition* s'assemblèrent. On apporta beaucoup de corps des saints. Dans la province d'Arles, dans celle de Lyon, dans la Bourgogne, les évêques, les comtes, les barons, formèrent des assemblées pour établir la paix. Toute la multitude accourait avec transport à ces réunions. Il semblait qu'une voix du ciel se fit entendre à la terre pour commander la paix. »

Cette paix après laquelle les populations soupiraient n'était pas autre chose que la justice. Le mot paix dans la langue de ce temps-là n'avait pas un autre sens. Ceux qui sont quelque peu familiers avec le moyen âge savent que le mot justice présentait presque toujours, à cette époque, l'idée d'impôt, de redevance seigneuriale ou d'amendes, et que c'est par le mot paix que les hommes désignaient ce que nous appelons aujourd'hui la justice. Un *paiseur* signifiait un juge, et une *maison de paix* signifiait le lieu de réunion d'un tribunal. Les assemblées de prêtres et de laïques, de nobles et de paysans, qui décrétaient l'établissement de la paix, avaient toujours soin d'instituer en même temps une juridiction. « Les habitants de la Picardie, ajoute le chroniqueur que nous venons de citer, se lièrent par un vœu solennel, et jurèrent que, si un différend venait à s'élever entre eux, ils ne chercheraient pas à s'attaquer par le fer et l'incendie, mais qu'ils exposeraient leurs griefs devant un juge. » Chacune de ces associations se hâtait d'établir un tribunal à son usage. Ce n'était donc pas l'autorité publique qui essayait de fonder la justice et de l'imposer aux hommes ; c'étaient les hommes qui spontanément la cherchaient et faisaient d'énergiques efforts pour la constituer. Aussi l'évêque Yves de Chartres pouvait-il dire comme une chose bien connue de ses contemporains, et qu'aucun d'eux ne démentirait : « La paix n'a pas été établie par une loi générale et supérieure, mais par la délibération et le pacte des hommes de chaque province ; les décrets et les règlements en ont été arrêtés dans chaque diocèse par le consentement des paroissiens. » L'autorité royale étant impuissante, l'autorité seigneuriale étant désordonnée, et aucun pouvoir ne pouvant se charger d'établir la justice, c'était la population elle-même, sans distinction de classes, qui essayait de l'organiser. Elle procéda le plus souvent par des associations qui ressemblaient un peu à des assurances mutuelles. Nul n'était contraint d'entrer dans ces sociétés de paix, car la justice ne s'imposait encore à personne ; seulement dès qu'on était entré librement dans une association, dès qu'on avait prêté le serment exigé de chaque nouveau membre et qu'on était ainsi devenu *juré de la paix*, on renonçait au droit de guerre, et l'on était soumis à la justice. Chaque association avait ses administrateurs, ses juges et son trésor commun.

Les hommes du XIe siècle appelaient volontiers cette institution *la paix de Dieu*, il était naturel et conforme aux idées du temps que l'amour de la justice s'alliât au sentiment religieux et se confondît avec lui. Souvent aussi, dans le langage ordinaire, on disait simplement la paix du pays, la paix de la ville, la paix de l'évêque, pour désigner l'association de justice mutuelle qui embrassait un pays, une ville, un diocèse. Peut-être n'est-il pas inutile de faire remarquer que le mot *commune* était fréquemment employé dans le même sens. Cela tient à ce que les communes, du moins la plupart, ne furent pas autre chose que des associations qui se formaient en vue d'établir une justice régulière entre leurs membres. On s'est mépris quand on a envisagé le mouvement communal comme une révolution de l'ordre politique, et l'on a attribué aux hommes de ce temps-là des idées qu'ils n'avaient ni ne pouvaient avoir. Le mouvement communal ne sortit presque pas de la sphère des intérêts individuels et de l'ordre civil ; les chartes furent avant tout les codes de procédure de ces hommes qui s'unissaient pour être jugés suivant des règles fixes, et les magistrats municipaux furent surtout des juges. Pour tout dire en un mot, la grande révolution du XIe et du XIIe siècle eut pour principal objet de mettre la justice à la place de la guerre.

Ne pensons pas que cette révolution se soit accomplie sans peine. Les difficultés furent au contraire immenses. Aucune autorité n'était assez forte ou n'avait une volonté assez ferme pour se charger de réaliser le vœu général. Les populations eurent donc tout à faire par elles-mêmes ; mais elles n'étaient pas d'accord entre elles, les intérêts, comme les idées, étaient différents ; on s'entendait sur la nécessité de la justice, on ne s'entendait pas sur la manière dont la justice serait organisée. Ici, l'on établissait des juges élus ; là, on restait soumis au seigneur en ne lui demandant que de juger suivant des règles fixes ; ailleurs, on s'adressait à l'évêque, et l'on affluait aux tribunaux ecclésiastiques. Il y avait là bien des causes de conflit. Nous ne devons pas oublier non plus qu'il s'agissait d'une révolution. Vouloir fonder la justice était une innovation aussi hardie pour ces générations-là qu'il l'a été pour les nôtres de vouloir fonder la liberté politique et l'égalité. Les difficultés étaient de même nature ; on se heurtait à des idées enracinées, à des intérêts puissants. La classe seigneuriale pouvait craindre que le triomphe du nouveau principe n'amoindrît sa liberté vis-à-vis des rois et son autorité vis-à-vis des peuples. Supprimer le droit de guerre et mettre la justice à la place, c'était s'attaquer à ce qui était établi, et c'était menacer tout l'ordre social de l'époque. Nous pouvons deviner quelles résistances on rencontra, et combien d'obstacles se dressèrent partout.

Au milieu de l'obscurité où tous ces faits sont restés pour nous, on distingue pourtant quelques vérités certaines. Les premiers efforts furent à la fois les plus hardis et les moins efficaces. Les premières associations avaient décrété la paix absolue, la paix toujours et pour tous, la suppression complète de la guerre privée, le triomphe universel de la justice. Cette tentative, qu'en langage moderne nous qualifierions de radicale, fut suivie de peu d'effet. L'espèce de justice révolutionnaire qui fut constituée par ces associations paraît avoir fort mal fonctionné, car nous ne voyons pas qu'elle ait duré longtemps. Elle eut vraisemblablement deux sortes d'ennemis, ses adversaires et ses fanatiques. Peut-être se laissa-t-elle emporter dans les excès ; peut-être certaines classes ou certaines ambitions s'en servirent-elles en vue de leurs intérêts ou de leurs convoitises. Ce qui est certain, c'est qu'au XIIe siècle elle avait disparu. Elle ne subsistait plus que dans quelques villes qui avaient eu la sagesse de se donner de bonnes règles, ou le bonheur d'avoir au-dessus d'elles une autorité protectrice.

À la longue, ce grand mouvement produisit pourtant son effet, et la révolution souhaitée finît par s'accomplir. Ce qu'on n'avait pas pu faire en une fois par un vigoureux effort, on le fit en s'y reprenant à plusieurs fois, à force de lenteur. La hardiesse avait échoué, la sagesse et la patience conduisirent peu à peu l'œuvre à bonne fin. Les moyens violents et les vastes réformes n'avaient servi de rien ; on réussit par une série de petits progrès habilement ménagés. D'abord, au lieu d'interdire la guerre à tout le monde, on commença par la défendre seulement aux bourgeois, aux ecclésiastiques, aux paysans, et ces classes, qui avaient été fort batailleuses aux siècles précédents, commencèrent à laisser la guerre privée aux gentilshommes. La guerre perdit ainsi du terrain, et la justice en gagna. On s'attaqua ensuite à la classe noble, mais en commençant par une sorte de transaction ; on lui interdit la guerre pendant quelques jours de chaque semaine, en la lui permettant les autres jours. Ce fut la *trêve de Dieu* au lieu de la *paix de Dieu*. La trêve fut, paraît-il, beaucoup mieux observée que ne l'avait été la paix. La semaine se trouva dès lors divisée en deux parties, dont l'une fut sacrifiée à la guerre, et l'autre fut donnée à la justice. Les rois établirent plus tard la *quarantaine*, c'est-à-dire qu'ils obligèrent à mettre un intervalle de quarante jours entre la querelle et le commencement des hostilités ; obliger d'attendre quarante jours, c'était donner à la passion le temps de s'éteindre et à la justice le temps d'intervenir. Enfin les rois réussirent à faire admettre dans le droit commun que, si l'un des deux adversaires voulait recourir à la guerre et l'autre à la justice, ce serait la justice qui l'emporterait ; ils établirent alors la belle institution qui dans le langage de l'époque s'appelait l'*assurément*. Tous ces progrès furent opérés les uns après les autres, et non sans peine. Ils étaient à peu près achevés au milieu du XIIIe siècle, à l'époque du règne de saint Louis. La guerre privée n'avait pas encore disparu tout à fait, et le roi lui-même était encore contraint de l'autoriser ; mais la justice insensiblement s'était constituée, s'était assise, avait pris des règles fixes, et avait étendu peu à peu son action bienfaisante. Il existait sur tout le territoire un ordre judiciaire qui fonctionnait avec régularité et avec vigueur. C'est cet ordre judiciaire du XIIIe siècle qu'il nous faut observer maintenant.

VII. — LE JUGEMENT PAR LES PAIRS.

L'organisation judiciaire du XIIIe siècle a découlé tout entière d'un principe unique, celui du jugement par les pairs. Il faut nous rendre compte de ce que les hommes entendaient par là. Ce principe a si complètement disparu dans les siècles suivants, les idées et les institutions s'en sont tellement éloignées, qu'on a fini par ne plus comprendre le vrai sens et la grande énergie de cette maxime du moyen âge : « chacun doit être jugé par ses pairs. »

Le mot *pairs*, dans la langue du temps, signifiait *égaux*. Deux hommes étaient dits *pairs de fief* entre eux lorsqu'ils étaient vassaux du même seigneur, et qu'ils se trouvaient ainsi au même rang de la hiérarchie féodale. Ce mot n'était pas un titre d'honneur réservé aux gentilshommes. On disait *pairs bourgeois* pour désigner deux membres de la bourgeoisie ; même les paysans entre eux étaient parfois qualifiés de pairs, et l'on trouve cette expression appliquée aux dernières classes d'hommes dans plusieurs actes anciens. Ainsi dire que les hommes devaient être jugés par leurs pairs, c'était dire exactement qu'ils devaient être jugés par leurs égaux.

Or la société en ce temps-là était constituée hiérarchiquement. Les degrés et les rangs y étaient nettement marqués, et il était fort difficile de passer de l'un à l'autre. Les diversités entre les classes étaient alors d'une tout autre nature que celles que nous y voyons de nos jours. Dans l'état de notre société, les classes se ressemblent en ce point, qu'elles ont les mêmes lois, les mêmes institutions, les mêmes droits et les mêmes devoirs ; elles diffèrent par les occupations, par les intérêts, par les mœurs, souvent même par les idées et par la manière de penser sur beaucoup de sujets. C'était précisément le contraire au moyen âge. Les classes avaient beaucoup plus qu'aujourd'hui les mêmes idées, la même manière de penser et, pour ainsi dire, le même tempérament d'esprit. Leurs occupations et leurs intérêts n'étaient pas non plus aussi différents, que nous sommes portés à le croire, car le seigneur était un cultivateur à peu près comme le paysan, et le paysan portait les armes à peu près comme son seigneur. Dans la vie privée, avant le XVIe siècle, ces classes vivaient assez rapprochées l'une de l'autre ; elles avaient les mêmes fêtes et les mêmes joies, et les mœurs étaient à certains égards plus démocratiques qu'elles ne le sont à notre époque. La diversité était dans l'ordre social et politique ; en ce point, les classes étaient absolument distinctes. Il n'y avait rien de commun entre elles, ni les lois, ni les droits, ni les devoirs. Aussi n'avaient-elles pas non plus la même justice. Il existait autant d'espèces de tribunaux et de juges qu'il y avait de classes et de catégories dans la population.

Prenons d'abord le gentilhomme, et voyons comment il était jugé. Tout gentilhomme avait un suzerain, c'est-à-dire un supérieur immédiat de qui il *tenait*. C'est à ce suzerain qu'il devait demander justice, et c'est aussi devant lui qu'il était mandé lorsqu'il avait à répondre à une accusation ; mais, si ce suzerain avait jugé lui-même, la maxime « chacun doit être jugé par ses pairs » n'aurait pas été respectée, car le vassal aurait eu pour juge, au lieu de ses égaux, son supérieur. Aussi n'était-ce pas le suzerain qui jugeait. Il convoquait, en même temps que l'inculpé, ses autres vassaux, c'est-à-dire ceux qui étaient les pairs de fief de celui-ci. Il les réunissait en sa cour, les présidait, leur faisait connaître l'objet du débat, leur présentait l'accusé, l'accusateur et les témoins. À cela se bornaient sa fonction et son droit. Se prononcer sur la culpabilité ou l'innocence et indiquer la peine à subir était l'affaire des vassaux de la cour. Le suzerain avait la charge d'énoncer la sentence qui lui était dictée par les vassaux, et il le faisait ordinairement en employant une formule comme celle-ci : « les hommes de céans nous disent pour droit... » Quel que fût l'arrêt, il avait l'obligation de le faire exécuter.

Ce serait donc trop peu de dire que le gentilhomme ne pouvait être jugé que par d'autres gentilshommes. Il fallait encore, comme il y avait plusieurs degrés dans la hiérarchie féodale, que chacun fût jugé par des hommes qui fussent exactement de son rang et eussent les mêmes intérêts que lui. Le supérieur hiérarchique n'était présent que pour assurer le bon ordre des débats et l'exécution des jugements. Aussi le vieux jurisconsulte Bouteiller pouvait-il dire : « Les seigneurs ont juridiction, peuvent et doivent faire loy des cas advenus en leur terre ; mais ils doivent faire juger par autre que par eux, c'est à savoir par leurs hommes féodaux. » S'il arrivait qu'un suzerain voulût juger en personne, le jurisconsulte enseigne au gentilhomme ce qu'il aurait à faire ; il devrait dire : « Sire, je ne tiens pas ce que vous ferez pour jugement, car la coutume (ce mot avait alors à peu près le sens de notre mot loi) ordonne que les seigneurs ne jugent pas en leur cour, mais que leurs hommes jugent, et ce que vous voulez faire contre la coutume ne peut ni ne doit valoir. » Il devait arriver assez souvent que le débat fût précisément entre le suzerain et le gentilhomme son vassal ; c'étaient les pairs du vassal qui prononçaient, et il était même admis comme une règle à peu près générale qu'en ce cas le suzerain ne devait pas même assister à leur délibération. « Quand li sires plaide en sa cour contre son homme, il n'est pas juge ni ne doit être au conseil du jugement. » Un seul homme ne suffisait pas pour constituer le tribunal ; il en fallait au moins quatre, et si un seigneur n'avait pas assez de vassaux nobles pour *garnir sa cour*, il devait en demander à son propre suzerain. La procédure en cas d'appel était fort contraire à nos usages. Au moyen âge, l'appelant s'attaquait, non pas à la partie adverse, mais à ceux-là mêmes qui l'avaient condamné, comme étant coupables d'avoir mal jugé. Or les jurisconsultes de cette époque enseignent que l'on doit appeler, non pas le suzerain, mais « les hommes qui ont fait le jugement. » La responsabilité de l'arrêt ne tombait pas sur le suzerain qui n'avait fait que présider, elle tombait sur les pairs qui avaient prononcé.

Le jugement par les pairs n'était pas le privilège de la noblesse. Le bourgeois, aussi bien que le gentilhomme, devait être jugé par ses égaux, c'est-à-dire par des bourgeois comme lui. Le principe s'appliquait à toutes les classes. Les tribunaux municipaux furent une institution régulière et générale en France jusqu'au XVe siècle. À Bourges, « le jugement des causes et des querelles en la ville et banlieue appartient aux bourgeois. » À Arles, les arrêts, qui nous ont été conservés, sont rendus par les échevins de la cité. À Furne, en Flandre, à côté de la cour féodale, qui est formée de gentilshommes et qui ne juge que les nobles, il y a la cour des bourgeois, qui est composée de six bourgmestres et de vingt échevins, « lesquels représentent la loy commune de la ville. » À Amiens, le maire « siège en jugement avec la commune et les jurats. » À Paris, le tribunal municipal, au XIIIe siècle, s'appelait le *parloir aux bourgeois.* C'était d'ailleurs le même corps qui, se modifiant avec les siècles, s'est appelé plus tard le *corps de ville*, puis la *commune*, enfin le *conseil municipal.* Avant de siéger dans le palais que nous appelons l'*hôtel de ville*, il tint ses séances dans une petite église voisine du Pont-au-Change. Il n'était pas seulement, comme il fut plus tard, un conseil d'administration ; il était un tribunal, et il jugeait au civil comme au criminel. Il était composé du prévôt des marchands et des échevins, qui à cette époque étaient élus tous les deux ans par la population. Ces juges étaient d'ailleurs assistés « d'un conseil de bonnes gens, des plus *sages* bourgeois et des plus *anciens.* » Il en fut ainsi jusqu'au XIVe siècle, époque où ce corps perdit sa juridiction, comme tous les corps municipaux la perdirent peu à peu dans toute la France.

Les tribunaux municipaux avaient souvent à leur tête un fonctionnaire nommé *prévôt*, qui représentait l'autorité seigneuriale ou l'autorité royale ; mais il ne faisait que présider, la décision appartenait tout entière aux bourgeois : même quand le maire était l'élu de la ville, il semblait que ce chef de la cité fût trop au-dessus des justiciables pour pouvoir les juger ; les vrais pairs étaient les échevins et les bourgeois. C'est pour cela que beaucoup de chartes obligent le maire à prononcer ses jugements « suivant la décision des échevins et des jurés. »

L'obligation du jugement par les pairs, toute générale qu'elle fût au moyen âge, souffrait pourtant une exception. Il arrivait très fréquemment qu'un débat fût soulevé entre deux hommes de classes différentes. Comment eût-on pu trouver des juges qui fussent à la fois les égaux des deux parties ? En ce cas, la coutume du moyen âge était presque constamment que l'on prît pour juges les pairs de celui qui était l'inférieur. S'agissait-il d'un débat entre un gentilhomme et un bourgeois, la plupart des coutumes se prononçaient pour des juges bourgeois. Ainsi le moyen âge ne s'écartait du principe d'égalité que pour favoriser le plus faible.

Il nous reste à observer comment étaient jugés les hommes que l'on appelait en ce temps-là les *vilains*. Ce mot, pas plus que celui de *manant*, n'avait alors la signification défavorable et injurieuse qui s'y est attachée depuis. Les vilains étaient les habitants des *villæ*, c'est-à-dire des villages ou des fermes. On les appelait aussi des *colons*, des *colongers*, des *hommes censiers*, des *hommes cottiers*, des *hommes coutumiers*. Tous ces termes désignaient une classe d'hommes qui n'étaient pas des serfs. Ils jouissaient de tous les droits civils. Ils vivaient sur des terres qu'ils se transmettaient de père en fils, qu'ils avaient le droit de vendre, et qu'ils cultivaient à leur profit. Seulement ils n'en étaient pas légalement propriétaires. Le vrai propriétaire était le seigneur, et ils n'étaient que des fermiers. Ces terres en effet ne leur avaient été concédées à l'origine qu'avec ce genre de convention que nous appelons aujourd'hui un *contrat de bail*. Il y était stipulé que le fermage annuel serait payé, partie sous la forme de redevances et de cens, partie sous la forme de services corporels ou même de service militaire. A ces conditions, ces hommes avaient obtenu la jouissance du sol. Le contrat de bail n'avait pas une durée limitée ; il était irrésiliable, sauf certains cas prévus. Dans la pratique, il était véritablement héréditaire. De cette façon, le seigneur et son vilain étaient l'un propriétaire, l'autre fermier, tous les deux de père en fils. Il est vraisemblable que cette permanence du contrat avait paru avantageuse aux deux parties ; elle l'était surtout au paysan, car c'est par là que cette classe a gagné de devenir à la longue propriétaire du sol dont elle n'était à l'origine qu'usufruitière.

On croit volontiers aujourd'hui que ces paysans étaient fort opprimés. Ils l'ont été au XVIIe et au

XVIIIe siècle, sous le régime de la monarchie absolue ; ils ne paraissent pas l'avoir été au moyen âge. De ce qu'on lit dans une foule d'actes de ce temps-là que le seigneur vendait « sa terre et ses vilains, » il ne faut pas prendre prétexte pour déclamer contre un état social où les êtres humains auraient été achetés et vendus comme des troupeaux de bêtes. Nous devons songer au contraire qu'au moment de la vente d'un domaine il était conforme à l'intérêt des fermiers qu'ils fussent cédés en même temps que ce domaine ; cela ne signifiait qu'une chose, c'est qu'ils ne seraient pas séparés de la terre que leurs pères et eux avaient exploitée et améliorée par leur travail, et que, malgré la vente que faisait le seigneur, le bail originel se continuerait et serait respecté par le nouveau propriétaire. Ainsi ces expressions, qui nous paraissent aujourd'hui une injure à la dignité et à la liberté naturelle des cultivateurs, étaient précisément la formule qui garantissait leurs droits de jouissance héréditaire sur leurs tenures.

C'est se tromper étrangement sur tout l'état social de cette époque que de croire que le paysan fût à la merci de son seigneur, et qu'il rencontrât toujours en lui un tyran. Les relations entre eux étaient fixées d'une manière très précise et très minutieuse par un véritable contrat. Il est vrai que ce contrat n'était pas toujours écrit ; mais, pour être simplement oral et traditionnel, il n'en était pas moins inviolable. Ce que le moyen âge appelait la *coutume* avait plus d'autorité et plus de force que n'en eurent plus tard les contrats écrits, les chartes, les ordonnances et les constitutions. Les lois ne changent rapidement qu'à partir du temps où on commence à les écrire. Pour le paysan, aussi bien que pour le seigneur, il existait une justice. Cette justice, à la vérité, s'appelait dans le langage ordinaire la *justice du seigneur*, et il semblerait, à ne regarder que les mots et les apparences, qu'elle dût être absolument despotique et tout à fait contraire aux intérêts des paysans. Il faut regarder les choses de près.

D'abord le lieu où se rendait la justice du seigneur est digne de remarque. Ce n'était pas l'habitation du seigneur lui-même, ce n'était pas le château-fort. La justice était ordinairement rendue en plein air, sur une place, à la porte du château ou devant l'église. Ainsi le paysan qui était accusé ou qui portait plainte n'était pas contraint de pénétrer dans la sombre demeure du maître ; il restait à la lumière du soleil, sous les yeux de ses semblables. La place où se faisaient les jugements n'était pas choisie arbitrairement par le seigneur ; cette place était marquée et fixée une fois pour toutes ; la plupart des arrêts qui nous été conservés portent qu'ils ont été rendus à l'endroit ordinaire, tantôt « auprès des chênes, » ici « sous les ormes, » là « sous le grand tilleul. » Cette place était quelquefois close par une haie, et s'appelait la *cour* (*curlis, curia*). Elle était en tout cas un lieu sacré, une sorte de sanctuaire, et constituait ce qu'on appelait au moyen âge un asile. « Si quelqu'un s'y réfugie, dit un vieux texte, celui qui l'y poursuivrait pour lui faire du mal commettrait un acte criminel. » Un autre texte dit que la cour « est aussi inviolable qu'une église. » N'est-il pas bien caractéristique que le lieu où le paysan est jugé et puni de ses fautes soit en même temps celui où il trouve un refuge contre toute violence ? L'idée de protection s'unit et se confond ici avec l'idée de justice.

Voici encore un autre trait de cette justice seigneuriale : ce n'est presque jamais le seigneur en personne qui juge. Suivant un usage presque universel, il délègue sa fonction à un agent qu'on appelle du nom de *maire* ou de *prévôt*. Or ce maire qui rend la justice au nom du seigneur n'est jamais un gentilhomme ; il est toujours un paysan. Il appartient à la même classe, à la même condition sociale, à la même profession que ceux qu'il doit juger. Il connaît leurs lois et leurs usages, leurs intérêts et leurs besoins. Il est de leur sang et de leur chair, il vit de leur vie. Ce maire est le représentant, il est vrai, l'homme d'affaires du seigneur ; mais dans beaucoup de villages ce sont les paysans eux-mêmes qui l'élisent, dans d'autres les paysans présentent une liste de deux ou trois candidats parmi lesquels le seigneur choisit. Ailleurs, si c'est le seigneur qui désigne, il faut que le maire soit agréé par les paysans. Dans quelques villages, tous les paysans un peu aisés doivent être maires à tour de rôle pendant une année ; dans d'autres enfin, la fonction de maire se transmet héréditairement et comme un fief du père au fils. À travers ces diversités, nous voyons un fait constant, c'est que le maire n'est pas à la merci du seigneur. Quoiqu'il le représente et soit son agent, il a toujours vis-à-vis de lui une certaine indépendance. En fait, il est l'homme des paysans au moins autant que l'homme du seigneur.

Du reste, ce maire ne juge pas seul. Suivant une expression que l'on rencontre sans cesse dans les actes du moyen âge, il « tient ses plaids. » Or le mot *plaid* suppose toujours une réunion d'hommes. Et de quels hommes se pourrait-il agir ici, sinon des paysans ? Nos préjugés sur le moyen âge sont si grands que nous éprouvons quelque peine à nous figurer les vilains siégeant en tribunal. Cependant les jurisconsultes de ce temps-là mentionnent souvent « les juges censiers, » les « juges coutumiers. » Ce sont là des vilains, et ces vilains réunis autour du maire rendent la justice. On pourrait citer une foule de chartes qui établissent cette vérité. « L'avoué (c'est le représentant de l'autorité seigneuriale), dit une de ces chartes, tiendra le plaid ; il redressera les torts d'après l'avis des juges pris sur les lieux et avec l'assentiment du peuple de l'endroit. » On lit dans une autre : « Le maire du village d'Amelle jugera les vols et délits suivant le jugement des échevins de la cour du village. » Un cartulaire mentionne un procès qui a été jugé « à la cour du maire Richart par des personnes connaissant les coutumes. » Le *Coutumier de Picardie* montre que dans les villages de cette province les paysans que l'on appelait *hommes de poësté* jugeaient les procès. Quelquefois tous les paysans avaient le droit de siéger aux plaids ; d'autres fois ils élisaient plusieurs d'entre eux pour remplir ce devoir. « Dans le village de Croisettes, est-il dit dans une charte, les manants et tenanciers élisent chaque année sept échevins, lesquels ont connaissance et juridiction du gouvernement et police du village, du bien public et de toutes les causes et actions personnelles. » À une autre extrémité de la France, dans le Béarn, la justice était rendue dans chaque bourg « par le bailli et par tous les hommes libres. » Dans un petit village de la Bourgogne, nous trouvons un arrêt de 1216 qui a été rendu par quatre juges élus par les habitants du village. En Alsace, chaque petite communauté rurale avait sa cour, qui était convoquée et présidée par le maire ou le prévôt, et qui était composée des paysans. On fit dans des centaines de chartes de ces villages alsaciens des formules comme celles-ci : « lorsqu'un homme réclamera justice au maire, celui-ci devra convoquer la cour ; » — « lorsqu'un voleur aura été arrêté, le prévôt siégera en justice avec les habitants du lieu ; » — « quiconque aura une réclamation à faire se présentera devant le maire et la cour du village ; » — « quand un paysan a commis un délit, le maire et les autres paysans doivent le punir ; ». — « toutes les questions qui seront soumises au plaid devront être délibérées devant le prévôt et décidées d'après la sentence des paysans. » Ainsi le seigneur féodal n'était jamais présent, son représentant ne faisait que présider le tribunal, et les vrais juges étaient les vilains. On voit même dans plusieurs chartes que le maire devait se retirer pendant la délibération des juges, afin que leur liberté fût mieux assurée et mieux en évidence.

Telle est l'organisation judiciaire que les actes authentiques nous montrent comme constamment établie à l'égard des vilains ; mais, s'il en est ainsi, comment faut-il entendre cette maxime du droit du moyen âge : « seigneur a toute justice en sa terre ? » C'est que le seigneur était le chef, de la justice en ce sens que, personnellement ou par son délégué, il devait veiller à ce qu'elle fût administrée suivant les règles. Il devait prendre toutes les mesures nécessaires à cette fin ; il avait à s'assurer des coupables, à convoquer les juges, à confronter les témoins, à diriger les débats, à surveiller le duel judiciaire, enfin à faire exécuter la sentence. Ces obligations étaient fort pénibles ; elles exigeaient son temps, ses soins, son argent, l'emploi de soldats. S'il manquait, par mauvaise volonté ou par simple négligence, à l'un de ces devoirs fort complexes, son supérieur hiérarchique, c'est-à-dire son suzerain, le punissait comme coupable de « défaut de droit, » et sa peine pouvait aller en certains cas jusqu'à la confiscation de son fief. Pour qu'il y eût quelque compensation à des devoirs si rigoureux et si pleins de périls, il était admis que les amendes et les frais du procès fussent pour le seigneur. Ayant les charges et la responsabilité, il avait aussi les profits. Or ces profits se confondirent peu à peu avec la justice même, et à la longue il arriva que la formule « tel seigneur a la justice sur telle terre » signifia simplement qu'il avait les amendes sur cette terre-là. Les hauts-barons se réservèrent la haute-justice, qui ne laissait pas d'être assez productive. Mais, quel que fût le seigneur à qui la justice appartenait, ce n'était pas lui qui rendait les jugements en personne. La formule « justice n'est mie à vilain » doit être entendue dans le même sens. On voulait dire par là que le vilain n'avait ni la responsabilité ni les profits de la justice ; seulement c'est lui qui jugeait. Le principe du jugement par les pairs s'appliquait donc à toutes les classes d'hommes, aussi bien aux plus humbles qu'aux plus élevées. De même que le puissant duc de Normandie ne pouvait être jugé que par des ducs et des comtes présidés par le roi, de même le dernier des vilains devait être jugé par des vilains comme lui. Le moyen âge était une époque de hiérarchie plutôt que de privilège, et plus on l'étudie, plus on est frappé de voir combien l'égalité s'y conciliait avec la subordination.

Si ce système judiciaire favorisait une classe aux dépens d'une autre, il semble bien que ce soit celle des paysans aux dépens de celle des seigneurs. On voit en effet que toutes les contestations entre les uns et les autres étaient jugées par les paysans. Le seigneur ne pouvait punir son vilain que par la sentence des autres vilains. Ce seigneur-propriétaire ne pouvait reprendre sa terre au vilain, son fermier, qu'en vertu d'un arrêt des autres fermiers. Supposons un débat entre ces deux hommes, voici en général comment les choses se passaient : le seigneur ou plutôt son représentant, le maire, réunissait la cour du village, c'est-à-dire les égaux, les voisins, les parents de celui-là même que le seigneur accusait ou qui accusait son seigneur. Le maire exposait l'affaire ; on entendait le paysan, la partie adverse, les témoins de l'un et de l'autre ; puis, au moment où les juges allaient délibérer, le paysan qui était en cause se retirait. Or le seigneur qui était en cause ne pouvait pas assister plus que lui à la délibération ; son maire, qui le représentait, n'y pouvait pas assister davantage. Ce maire se retirait donc après avoir déposé entre les mains d'un autre « le bâton de justice, » les juges-paysans, livrés à eux-mêmes, se décidaient, et le maire rentrait pour énoncer le jugement.

Nous possédons des milliers d'arrêts rendus par ces cours villageoises. Ils nous donnent presque toujours l'idée du calme et de l'esprit d'équité qui y régnaient. Ces hommes étaient capables de juger, car les lois en ce temps-là n'étaient pas des institutions d'une nature supérieure dont la connaissance exigeât une longue étude et une attention désintéressée. Elles étaient au contraire de simples contrats d'une nature toute privée et personnelle, qui liaient particulièrement tel homme ou tel village à tel seigneur. Pour cette raison, les lois variaient de village à village ; mais pour cette raison aussi, chaque village connaissait minutieusement les siennes. Écrites ou non écrites, les pères les transmettaient aux fils comme on se transmet aujourd'hui un contrat. Sur elles reposait toute la sécurité de l'existence. Elles faisaient partie, pour ainsi dire, de la vie de chaque jour. Le paysan, pas plus que le seigneur, ne pouvait en ignorer le moindre détail. On y trouvait des règles précises sur les devoirs et les droits de chacun, sur les redevances du paysan, sur les obligations du seigneur. On y trouvait quels services étaient dus par l'un, et quelle protection était due par l'autre. On y trouvait aussi ce qui était délit et ce qui était crime, et quelle peine était encourue par chaque coupable. Les juges n'avaient qu'à se souvenir de la loi et à l'appliquer.

Habitués que nous sommes dans notre siècle à voir souvent les classes en lutte les unes contre les autres, nous sommes portés à croire qu'il en était de même au XIIIᵉ siècle, et il nous semble dès lors que la justice rendue par les paysans devait être hostile aux seigneurs. Il n'en est rien. Ces hommes comprenaient sans nul doute qu'ils avaient intérêt à ce que la coutume du village, c'est-à-dire le contrat originel, fût respectée dans toutes ses parties, et il ne leur échappait certainement pas que, s'ils en autorisaient la violation en leur faveur, le seigneur pourrait à son tour la violer à son profit. Le respect des lois est la garantie des faibles. Ces hommes, qui n'avaient en général d'autre parti-pris que celui de sauvegarder leur contrat, devaient être enclins à juger équitablement. Ils savaient d'ailleurs que leur petite société rurale avait besoin pour prospérer que l'ordre régnât en elle, et que toute cause de trouble en fût écartée. Aussi voit-on qu'ils avaient grand soin d'éloigner les hommes de désordre, les voleurs ou les vagabonds. Ils se sentaient les ennemis naturels de quiconque n'avait pas la conscience nette et le cœur droit. L'homme qui avait commis un délit, fut-ce contre leur seigneur, l'homme qui n'avait pas payé ses redevances obligatoires ou qui avait enfreint quelque autre clause du contrat, devait leur paraître un homme dangereux pour eux-mêmes. Ils étaient en général assez sévères pour les coupables. Ce sont toujours les classes inférieures qui ont le plus besoin du maintien de l'ordre, et, quand elles viennent à penser le contraire, c'est qu'elles ont perdu, avec la notion du devoir, l'intelligence de leurs propres intérêts.

Cette justice, dont nous venons de constater les règles et de marquer les grandes lignes, ne pouvait fonctionner que dans une société assez bien constituée et assez solidement assise. Supposons des générations où les esprits seraient faussés et les cœurs aigris, une pareille organisation judiciaire ne serait qu'une cause de conflit ou une arme de guerre. Elle serait la négation même de la justice, et du droit ; mais au XIIIe siècle la société jouissait d'un calme et d'une unité morale qui manquèrent aux époques suivantes. Le XIVe siècle fut en effet un temps de trouble, trouble dans les âmes et trouble dans les institutions, trouble dans l'état et trouble dans l'église. Deux faits surtout se produisirent alors, et la coïncidence en est caractéristique : ce fut l'ambition des rois et la haine réciproque des classes. À partir aussi du XIVe siècle, les cours de village perdirent leur juridiction, les tribunaux municipaux virent leur action fort amoindrie, les cours féodales furent entraînées dans la même décadence, et la justice fut peu à peu transformée dans toutes ses parties.